现代财务管理与内部控制实务

蒋 霞 肖建群 李 乐◎著

中国出版集团 现代出版社

图书在版编目（CIP）数据

现代财务管理与内部控制实务 / 蒋霞，肖建群，李
乐著. -- 北京 ：现代出版社，2023.12
ISBN 978-7-5231-0705-8

Ⅰ．①现… Ⅱ．①蒋… ②肖… ③李… Ⅲ．①企业管
理－财务管理②企业内部管理 Ⅳ．①F275②F272.3

中国国家版本馆CIP数据核字(2023)第248833号

现代财务管理与内部控制实务

作　　者	蒋　霞　肖建群　李　乐
责任编辑	申　晶
出版发行	现代出版社
地　　址	北京市朝阳区安外安华里504 号
邮　　编	100011
电　　话	010-64267325　64245264(传真)
网　　址	www.1980xd.com
电子邮箱	xiandai@ cnpitc.com.cn
印　　刷	北京四海锦诚印刷技术有限公司
版　　次	2023 年 12 月第 1 版　2023 年 12 月第 1 次印刷
开　　本	185 mm×260 mm　1/16
印　　张	11.5
字　　数	220千字
书　　号	ISBN 978-7-5231-0705-8
定　　价	58.00 元

前　言

　　现代财务管理与内部控制是企业成功运营和可持续发展的重要组成部分。在全球化和竞争日益激烈的商业环境中，企业面临着日益复杂的风险和挑战。财务管理和内部控制的有效实施成为企业管理者必须面对的关键问题之一。财务管理涉及企业资金的筹集、投资和利用，以实现盈利目标和最大化股东财富。随着市场的不断变化和经济环境的波动，财务管理需要灵活应对，并采取适应性强的战略。合理的财务管理决策可以为企业提供资金来源，优化资源配置，并为未来的发展提供支持。然而，财务管理的实施需要建立健全的内部控制机制。内部控制是确保企业财务运作透明、准确和可靠的关键工具。

　　本书首先将介绍财务管理的相关概念，解读财务管理的目标，并探讨财务管理的基本原则和环境分析。接着，我们将深入研究财务管理的筹资管理和投资管理、营运资金管理和利润分配的相关问题。然后本书将展示财务管理的内容拓展，主要研究了财务预算、财务控制和财务分析等领域的最佳实践。随后，本书解读了内部控制与财务管理的关系。通过介绍内部控制的基础知识，探讨内部控制在财务管理中的主要作用，并提出内部控制在财务管理中的实践策略。进一步地，本书从多维视角探索内部控制体系的构建，主要围绕价值导向下的内部控制体系构建、风险管理视角下的内部控制体系建设、内部控制体系的信息化建设以及如何将业财融合嵌入内部控制体系中来提升效果展开论述。最后，本书聚焦于内部控制评价与内部控制审计的研究，解读了内部控制评价的内容及程序，深入探讨内部控制审计的组织实施，并探讨内部控制评价与内部控制审计之间的协调关系。

　　全书在内容布局、逻辑结构诸方面都有自己的独到之处，具有较强的理论性、实践性和指导性，对从事财务管理研究学者、工作者以及爱好者有学习和参考的价值。

　　本书在写作过程中，得到许多专家、学者的帮助和指导，在此表示诚挚的谢意。由于笔者水平有限，加之时间仓促，书中所涉及的内容难免有疏漏之处，希望各位读者多提宝贵意见，以便笔者进一步修改，使之更加完善。

编　者

2023 年 12 月

目 录

第一章　财务管理的基本理论

第一节　财务管理的相关概念

任何企业的生产经营活动，都要运用人力、资金、物资与信息等各项生产经济要素，其中包含生产经营的业务活动和财务活动两个方面，与之对应的是，企业必然存在两种基本管理活动，即生产经营管理和财务管理。企业财务是指企业生产经营过程中的资金运动及其所体现的财务关系。因此，财务管理是组织企业财务活动、处理财务关系的一项经济管理工作。

一、企业财务活动

资金是企业生产经营过程中商品价值的货币表现，其实质是再生产过程中运动着的价值。企业资金运动过程是资金形态的不断转化及增值的过程，这一过程是通过一系列财务活动来实现的。财务活动是指资金的筹集、运用、耗费、收回及分配等一系列活动。其中，资金的运用、耗费、收回又被称为"投资"。

筹资活动是资金运动的前提；投资活动是资金运动的关键；分配活动是作为投资成果进行的，体现了企业投资与筹资的目标要求。

二、企业财务关系

企业的财务活动是以企业为主体来进行的，企业作为法人在组织财务活动过程中，必然与企业内外部有关各方有着广泛的经济利益关系，这就是企业的财务关系。[①] 企业的财务关系可概括为以下七个方面。

（一）企业与政府之间的财务关系

政府作为国家的行政管理者，担负着维护社会正常秩序、保卫国家安全、组织和管理

[①]　陈宣君.财务管理［M］.成都：西南交通大学出版社，2019：2.

社会活动等任务。政府为完成这一任务，必然无偿参与企业利润的分配。企业则必然按照国家税法规定缴纳各种税款，包括所得税、流转税和计入成本的税金。这种关系体现为一种强制和无偿的分配关系。

（二）企业与投资者之间的财务关系

这主要是指企业的所有者向企业投入资本形成的所有权关系。企业的所有者主要有国家、个人和法人单位。它具体表现为独资、控股和参股关系。企业作为独立的经营实体，独立经营，自负盈亏，实现所有者资本的保值与增值。所有者以出资人的身份来参与企业税后利润的分配，体现为所有权性质的投资与受资的关系。

（三）企业与债权人之间的财务关系

这主要是指债权人向企业贷放资金，企业按借款合同的规定按时支付利息和归还本金所形成的经济关系。企业的债权人主要有金融机构、企业和个人。企业除利用权益资金进行经营活动外，还要借入一定数量的资金，以扩大企业经营规模，降低资金成本。企业同债权人的财务关系在性质上属于债务与债权关系。在这种关系中，债权人不像资本投资者那样有权直接参与企业经营管理，对企业的重大活动不享有表决权，也不参与剩余收益的分配，但在企业破产清算时享有优先求偿权。因此，债权人投资的风险相对较小，收益也较低。

（四）企业与受资者之间的财务关系

这主要是指企业以购买股票或直接投资的形式向其他企业投资所形成的经济关系。随着市场经济不断深入发展，企业经营规模和经营范围不断扩大，这种关系将会越来越广泛。企业与受资方的财务关系体现为所有权性质的投资与受资的关系。企业向其他单位投资，依其出资额，可形成独资、控股和参股，并根据其出资份额参与受资方的重大决策和利润分配。企业投资的最终目的是取得收益，但预期收益能否实现，也存在一定的投资风险。投资风险越大，要求的收益越高。

（五）企业与债务人之间的财务关系

这主要是指企业将资金以购买债券、提供借款或商业信用等形式出借给其他单位所形成的经济关系。企业将资金借出后，有权要求其债务人按约定的条件支付利息和归还本金。企业同其他债务人的关系体现为债权与债务关系。企业在提供信用过程中，一方面会产生直接的信用收入；另一方面也会产生相应的机会成本和坏账损失的风险。因而企业必须考虑两者的对称性。

（六）企业内部各单位之间的财务关系

这主要是指企业内部各单位之间在生产经营各环节中相互提供产品或劳务所形成的经济关系。在企业内部实行责任预算和责任考核与评价的情况下，企业内部各责任中心之间相互提供产品与劳务，应以内部转移价格进行核算。这种在企业内部形成的资金结算关系，体现了企业内部各单位之间的利益均衡关系。

（七）企业与内部员工之间的财务关系

这主要是指企业向员工支付劳动报酬过程中所形成的经济关系。员工是企业的劳动者，他们以自身提供的劳动作为参加企业分配的依据。企业根据员工的劳动情况，用其收入向员工支付工资、津贴和奖金，体现了员工个人和集体对劳动成果的分配关系。

第二节　财务管理目标解读

一、财务管理的基本目标

目标是个人部门或整个组织所期望的成果，预计将要达到的状态。[①] 企业是营利性组织，其出发点和归宿都是为了获利。虽然企业也有扩大市场份额、提高产品质量、改善劳动条件、减少环境污染等多种目标，但营利始终是企业最基本、最重要的目标。财务管理的目标取决于企业的目标。财务管理的目标也称为"理财目标"，是指企业财务管理要达到的目的，它体现了企业财务管理的基本方向，是建立财务管理体系的逻辑起点。

财务管理目标作为价值理念，它意味着财务决策的价值取向。不同的价值取向会产生不同的决策后果。随着宏观经济环境的变化，人们对财务管理目标的认识是不断深化的。例如，西方财务管理目标就经历了"筹资数量最大化""利润最大化""股东财富最大化"等多种理论。我国在过去计划经济体制下，财务管理是围绕国家下达的产值指标来进行的，目标可以概括为"产值最大化"。目前，财务管理基本目标至少有三种不同的表达。

---

① 刘胜军. 企业财务管理 [M]. 哈尔滨：哈尔滨工程大学出版社，2015：1.

（一）利润最大化

利润最大化（profit maximization）观点认为，利润反映了一定期间企业所得与所费的对比关系，代表了企业新创造的价值。[①] 通过企业的经营活动创造的利润越多，企业的财富就越多，企业的目标就越容易实现。企业追求利润最大化，就需要合理配置资源，有效运用资金，降低资金成本，提高企业财务管理水平。因此，利润最大化作为财务管理目标有其合理的一面。事实上，很多财务经理都将提高利润作为企业财务管理追求的短期目标。但是利润最大化作为企业财务管理的目标也有局限。

第一，利润是企业过去经营活动创造的业绩，追求利润最大化没有考虑利润取得的时间价值。当投资与收入不在同一年度而需进行长期决策时，往往不能正确决策。

第二，利润是对已发生的事件进行确认计算的结果，而财务上往往需要面对很多未来不确定的因素进行决策，因此追求利润最大化没有考虑到取得利润和所承担风险的大小，难以作出正确判断。

第三，利润是一个绝对数指标，它不能反映所获利润与投资额之间的对比关系，缺乏不同投资额企业之间的横向可比性，不能全面、完整反映企业财务管理的目标。

（二）每股收益最大化

每股收益最大化（EPS maximization）观点认为，应该将企业实现的净利润与投入的资本或普通股股本进行对比，从相对数的角度反映企业投资与获利的关系。每股收益是净利润与普通股股本之比，该指标可以进行不同规模企业之间的比较或同一企业不同时期之间进行比较。追求每股收益最大化能够克服利润最大化目标的局限性。事实上，许多投资者把每股收益最大化作为评价企业业绩的关键指标。

但是这个目标仍然没有考虑每股收益获取的时间和面临风险的大小，也不能避免企业的短期行为。

（三）股东财富最大化

股东财富最大化（stockholder' wealth maximization）观点认为，投资者（股东）开办企业的目的就是增加财富，因此满足所有者的目的就是财务管理所追求的目标，这样能够最大限度保证股东的利益，否则就难以为市场经济的持续发展提供动力。因为股东权益是

---

① 蒋平，刘梅. 财务管理 [M]. 上海：立信会计出版社，2019：7.

剩余权益，股东是公司剩余权益的所有者，股东只有在员工、供应商和债权人等利益相关者都得到他们应得的部分后，才能享有剩余资产的所有权。因此，如果股东的剩余权益都能得到增长，那么权益其他利益相关者的要求也能得到满足。

股东财富的大小可以用股东权益的市场价值来衡量，也就是股东权益的市场增加值，这是公司为股东创造的价值。有时可以表述为股价最大化，在股东投资资本不变的情况下，股价的变化代表了投资者对股东权益的市场评价，与增加股东财富具有同等意义。当然，股价可能还会受到其他因素影响而波动，并不一定只代表股东财富的变化。

对于非股份制企业，这个目标也可以表述为企业价值最大化。企业价值并非企业账面的价值，而是企业全部资产的市场价值，以及企业未来的、潜在的获利能力。企业价值的增加取决于所有者权益价值和债务价值的增加。如果债务价值不变，企业价值最大化就与股东财富最大化具有同等意义。

这个目标避免了上述其他目标所存在的问题，考虑了收益的风险、时间价值和企业未来现金流量，有效地克服了管理上的片面性和短期行为，有利于社会资源的合理配置，优化社会效益。

当然以股东财富最大化作为财务管理目标也有一定的局限，如影响股价的因素很多，有些因素不属于企业可控范围，股价并非完全表示了股东财富的变动影响，因此只有股价的长期趋势，才能反映股东财富的价值。另外，对于非上市的公司，由于它们没有公开市场机制形成股价，股东财富的确定有一定的难度。

财务管理目标不是单一的，而是适应多因素变化的多元综合目标群。企业在努力实现"股东财富最大化"这一基本目标的同时，还必须努力实现履行社会责任、加速企业成长、提高企业偿债能力等一系列辅助目标。

二、利益相关者的目标

利益相关者（stakeholders）是指与企业生产经营行为和后果具有利害关系的群体或个人，是企业外部环境中受企业决策和行动影响的任何相关者。对于企业而言，其利益相关者一般可以分为四类：资本市场利益相关者（股东和债权人）、产品市场利益相关者（供应商和经销商）、企业内部的利益相关者（管理者和其他员工）以及社会利益相关者（政府机构、当地社团和工会）。这些利益相关者与企业的生存和发展密切相关，他们有的分担了企业的经营风险，有的为企业的经营活动付出了代价，有的对企业进行监督和制约，企业的财务经营决策必须考虑他们的利益或接受他们的约束。

（一）企业所有者或股东

企业所有者或股东（stockholders）向企业投入资金，经营者将筹集的资金投入生产经营以获取收益，并将实现的净收益按出资比例或合同、章程或董事会的规定，向其所有者或股东分配利润。企业所有者或股东为企业提供了财务资源，但他们通常处于企业之外，由经营者即管理层在企业里直接从事管理工作。除非企业所有者或股东确信投资会带来令他们满意的回报，否则，他们不会出资，其他利益相关者的要求也就无法实现。因此，企业所有者或股东拥有企业真正的所有权，对企业的财务管理有重大影响。企业财务管理目标实质上就是企业所有者或股东的目标。

（二）企业管理者

企业管理者（managers）是受所有者委托，借助自身的专业优势和经验来经营管理企业，协助所有者实现股东财富最大化目标。但在大型公司里，所有权可能分散在大量的投资者中，这种分散意味着管理者有效地控制了公司。管理者会更关注自身的收益、规避风险以及社会地位的提升等。由于与所有者目标并不完全一致，管理者可能为了自身利益而背弃股东利益。股东和管理者之间的关系被称为"委托—代理关系"。在这类关系中由于双方目标不一致，委托人和代理人之间就可能存在利益上的冲突，称为"委托—代理问题"（agency problem）。

（三）企业债权人

企业扩大经营规模，除利用自有资金进行经营活动，还要向债权人（debt holders）借入一定数量的资金。债权人为保护自身利益，会要求企业按照规定用途使用资金，保持良好的资本结构和一定的偿债能力。债权人通过借贷契约或破产机制等制度性安排来参与企业控制权，对企业的经营施加影响或约束以降低风险。

（四）企业的供应商或经销商

企业的供应商和经销商都是产业链上的重要环节，是企业生产经营的纽带，这部分利益相关者追求的是能够与企业保持稳定的关系，按时收到货款、得到企业供货等。

（五）企业的员工

企业员工在生产经营过程中为企业提供了智力或体力劳动，必然要求企业及时足额地支付相应的薪酬或福利，同时要求企业提供与劳动相关的安全环保措施或用品以及休息时间等。员工是企业财富的创造者，其个人利益与企业利益密切相关。

（六）政府机构

政府机构为企业提供各种公共产品和服务，也就要求企业依法缴纳税款，直接影响企业的财务绩效。同时，政府通过颁布各项宏观经济、财政、货币等政策影响企业的各项财务活动的决策，实现就业和社会的稳定。

（七）企业消费者

企业价值的实现在很大程度上取决于企业消费者的选择。企业消费者追求的是获得优质的商品、满意的服务等。为此，企业应该在生产经营过程中确保产品质量、保障消费安全；诚实守信，维护消费者知情权；提供完善的售后服务等。

三、财务管理目标的冲突与协调

企业财务管理的目标代表了投资者的利益和目标，但债权人为企业提供了资金却不能参与企业的经营管理，而由股东委托经营者直接从事经营管理及理财活动。因此，财务活动涉及不同的经济利益主体，如何协调他们之间的目标和冲突，实现股东财富最大化，是理财工作中的一项重要内容。

在实现财务管理目标中，股东（投资者）、经营者与债权人之间构成了最重要的财务关系。它们之间的矛盾和协调，主要表现为以下几个方面。

（一）股东与经营者

当所有权与经营权分离后，股东委托经营者管理生产经营活动并要求以股东财富最大化作为理财的目标。作为经营者而言，其追求的目标与所有者不完全一致，他们希望在提高股东财富的同时，能取得较高的报酬和享受成本（所有者放弃的利益也就是经营者所得的利益。在西方，这种被放弃的利益也称为所有者支付给经营者的"享受成本"）而又能降低及避免风险。这样，经营者的目标和股东不完全一致，经营者有可能为了自身的目标而背离股东的利益。这种背离表现在两个方面：第一，道德风险。经营者为了自己的目标，不是尽最大努力去实现企业财务管理的目标。他们没有必要为提高股价而冒险，因为股价上涨的好处将归于股东，如若失败，他们的"身价"将下跌。他们不做什么错事，只是不十分卖力，以增加自己的闲暇时间。这样做，不构成法律和行政责任问题，只是道德问题，股东很难追究他们的责任。第二，逆向选择。经营者为了自己的目标而背离股东的目标。例如，装修豪华的办公室，购置高档汽车等；借口工作需要乱花股东的钱；或者蓄意压低股票价格，以自己的名义借款买回，导致股东财富受损。

股东为了防止经营者背离股东的目标，通常采取以下两种制度性措施。

第一，监督。经营者背离股东的目标，其前提是双方的信息不对称，经营者了解的信息比股东多。避免"道德风险"和"逆向选择"的办法是完善公司治理结构，使股东获取更多企业的信息，对经营者进行制度性监督。当经营者背离股东目标时，减少其各种形式的报酬，甚至解雇他们。不满意的股东借以更换现任管理层的一个重要机制就是委托书争夺战（proxy fight）。委托书是代表他人投票的授权。当股东收集委托书以便投票更换现任管理层时，委托书争夺战就会发生。更换管理层的另一种方式是接管（take over），管理不善的企业在市场中被收购的可能性更大。一旦实现收购，管理者将失去现有的一切。但是，股东是分散的或者远离经营者，经营者比股东有更大的信息优势，比股东更清楚什么是对企业更有力的行动方案。全面监督管理行为的代价是高昂的，很可能超过它所带来的收益。另外，股东支付审计费聘请注册会计师，往往限于审计财务报表，而不是全面审查所有管理行为。监督可以减少经营者违背股东意愿的行为，但不能解决全部代理问题。

第二，激励。防止经营者背离股东利益的另一种制度性措施是激励方式，使经营者分享企业增加的财富，鼓励他们采取符合股东最大利益的行动。一种方式是将管理层的薪酬与企业业绩，特别是股票价值相关联，如股票期权；另一种方式是将激励与管理者的工作前景相关联，管理者表现好的可以得到晋升，在未来人力资源市场上实现更好的选择。

尽管企业可以采用监督和激励两种制度性措施来解决代理问题，但仍不可能使管理者完全按照股东的利益来决策。监督成本、激励成本和偏离目标的损失共同构成了代理成本，此消彼长、相互制约，需要股东权衡以尽量降低代理成本。

（二）股东与债权人

当企业向债权人借入资金后，两者也形成了一种委托—代理关系。债权人把资金借给企业，其目标是到期时收回本金，并获得约定的利息收入；企业借款的目的是用它扩大经营，投入有风险的生产经营项目。两者的目标并不一致。

债权人事先知道借出资金是有风险的，并把这种风险的相应报酬纳入利率。但是，借款合同一旦成为事实，资金划到企业，债权人就失去了控制权，股东可以通过经营者为了自身利益而伤害债权人的利益。其表现为：一是股东不经债权人的同意，投资于比债权人预期风险更高的新项目。如果高风险的计划侥幸成功，超额的利润归股东独享；如果计划不幸失败，公司无力偿债，债权人与股东将共同承担由此造成的损失。二是股东为了提高公司的利润，不征得债权人的同意而指使管理者发行新债，致使旧债券的价值下降，使旧债权人蒙受损失。

债权人为了防止其利益被伤害，除了寻求立法保护，如破产时先行接管、先于股东分配剩余财产等，通常会在借款合同中加入限制性条款，如规定资金的用途、规定不得发行新债或限制发行新债的数额等；一旦发现公司有损害其债权意图时，就拒绝进一步合作，不再提供新的借款或提前收回借款。

四、财务管理目标与社会责任

财务管理的目标和社会的目标（环境保护、安全生产、社会公益等）在许多方面是一致的。企业在追求自己的目标时，自然会使社会受益。例如，企业为了生存，必须生产出符合顾客需要的产品，满足社会的需求；企业为了发展，要扩大规模，自然会增加员工人数，解决社会的就业问题；企业为了获利，必须提高劳动生产率，改进产品质量，改善服务，从而提高社会生产效率和公众的生活质量。

国家颁布了一系列保护公众利益的法律，通过这些法律调节企业和社会公众的利益。一般来说，企业只要依法经营，在谋求自己利益的同时就会使公众受益，但是法律不可能解决所有问题，企业有可能在合法的情况下从事不利于社会公众的活动。因此，企业还要受到商业道德的约束，要接受政府有关部门的行政监督，以及社会公众的舆论监督，承担社会责任。由此进一步协调企业和社会的矛盾，促进社会健康发展。

第三节 财务管理的基本原则

财务管理的原则是企业财务管理工作必须遵循的准则。它是从企业理财实践中抽象出来的并在实践中证明是正确的行为规范，它反映着理财活动的内在要求。企业财务管理的原则一般包括以下几个方面的内容。

一、货币时间价值原则

货币时间价值是客观存在的经济范畴，它是指货币经历一段时间的投资和再投资所增加的价值。从经济学的角度看，即使在没有风险和通货膨胀的情况下，一定数量的货币资金在不同时点上也具有不同的价值。因此，在数量上货币的时间价值相当于没有风险和通货膨胀条件下的社会平均资本利润率。今天的一元钱要大于将来的一元钱。货币时间价值原则在财务管理实践中得到广泛的运用。长期投资决策中的净现值法、现值指数法和内含报酬率法，都要运用到货币时间价值原则；筹资决策中比较各种筹资方案的资本成本、分配决策中利润分配方案的制定和股利政策的选择，营业周期管理中应付账款付款期的管理、存货周转期的管理、应收账款周转期的管理等，都充分体现了货币时间价值原则在财务管理中的具体运用。

二、资金合理配置原则

拥有一定数量的资金，是企业进行生产经营活动的必要条件，但任何企业的资金总是有限的。资金合理配置是指企业在组织和使用资金的过程中，应当使各种资金保持合理的结构和比例关系，保证企业生产经营活动正常进行，使资金得到充分有效的运用，并从整体上（不一定是每一个局部）取得最大的经济效益。

在企业的财务管理活动中，资金的配置从筹资的角度看表现为资本结构，具体表现为负债资金和所有者权益资金的构成比例，长期负债和流动负债的构成比例，以及内部各具体项目的构成比例。企业不但要从数量上筹集保证其正常生产经营所需的资金，而且必须使这些资金保持合理的结构比例关系。从投资或资金的使用角度看，企业的资金表现为各种形态的资产，各形态资产之间应当保持合理的结构比例关系，包括对内投资和对外投资的构成比例。对内投资中有：流动资产投资和固定资产投资的构成比例、有形资产和无形资产的构成比例、货币资产和非货币资产的构成比例等；对外投资中有：债权投资和股权投资的构成比例、长期投资和短期投资的构成比例等；还有各种资产内部的结构比例。上述这些资金构成比例的确定，都应遵循资金合理配置原则。

三、成本—效益原则

成本—效益原则就是要对企业生产经营活动中的所费与所得进行分析比较，将花费的成本与所取得的效益进行对比，使效益大于成本，产生"净增效益"。成本—效益原则贯穿于企业的全部财务活动中。企业在筹资决策中，应将所发生的资本成本与所取得的投资利润率进行比较；在投资决策中，应将与投资项目相关的现金流出与现金流入进行比较；在生产经营活动中，应将所发生的生产经营成本与其所取得的经营收入进行比较；在不同备选方案之间进行选择时，应将所放弃的备选方案预期产生的潜在收益视为所采纳方案的机会成本与所取得的收益进行比较。在具体运用成本—效益原则时，应避免"沉没成本"对决策的干扰。"沉没成本"是指已经发生、不会被以后的决策改变的成本，我们在做各种财务决策时，应将其排除在外。

四、风险—报酬均衡原则

在市场经济的激烈竞争中不可避免地要遇到风险。企业要想获得收益，就不能回避风险。风险—报酬均衡原则是指决策者在进行财务决策时，必须对风险和报酬作出科学的权衡，使所冒的风险与所取得的报酬相匹配，以达到趋利避害的目的。在筹资决策中，负债资本成本低，财务风险大；权益资本成本高，财务风险小。企业在确定资本结构时，应在资本成本与财务风险之间进行权衡。任何投资项目都有一定的风险，在进行投资决策时必须认真分析影响投资决策的各种可能因素，科学地进行投资项目的可行性分析，在考虑投资报酬的同时考虑投资的风险。在具体进行风险与报酬的权衡时，由于不同的财务决策者对风险的态度不同，有的人偏好高风险、高报酬，有的人偏好低风险、低报酬，但每一个人都会要求风险和报酬相对等，不会去冒没有价值的无谓风险。

五、收支积极平衡原则

财务管理实际上是对企业资金的管理，量入为出、收支平衡是对企业财务管理的基本要求。资金不足，会影响企业的正常生产经营，坐失良机，严重时，会影响企业的生存；资金多余，会造成闲置和浪费，给企业带来不必要的损失。收支积极平衡原则要求企业一方面要积极组织收入，确保生产经营和对内、对外投资对资金的正常合理需要；另一方面要节约成本费用，压缩不合理开支，避免盲目决策。保持企业一定时期资金总供给和总需求动态平衡及每一时点资金供需的静态平衡。要做到企业资金收支平衡，在企业内部，要增收节支，缩短生产经营周期，生产适销对路的优质产品，扩大销售收入，合理调度资金，提高资金利用率；在企业外部，要保持同资本市场的密切联系，加强企业的筹资能力。

六、利益关系协调原则

企业是由各种利益集团组成的经济联合体。这些经济利益集团主要包括企业的所有者、经营者、债权人、债务人、国家税务机关、消费者、企业内部各部门和职工等。利益关系协调原则要求企业协调、处理好与各利益集团的关系，切实维护各方的合法权益，将按劳分配、按资分配、按知识和技能分配、按绩分配等多种分配要素有机结合起来。只有这样，企业才能营造一个内外和谐、协调的发展环境，充分调动各有关利益集团的积极性，最终实现企业价值最大化的财务管理目标。

第四节　财务管理的环境分析

财务管理环境又称为"理财环境"，是对企业财务活动产生影响作用的企业内外因素。[①] 例如，对于企业而言，国家的政治经济形势、经济法规的完善程度、市场供求状况、社会文化、企业内部生产条件等，都构成了企业财务管理的环境。

按照环境与企业的关系不同，可将财务管理环境分为企业内部财务管理环境和企业外部财务管理环境。企业内部财务管理环境主要包括企业组织形式、整体管理水平、经营规模和生产状况、资本结构、员工素质等。企业外部财务管理环境主要是指金融环境、经济环境、法律环境和文化环境等。企业外部财务管理环境是企业财务决策难以改变的外部约束条件，企业财务决策更多的是适应它们的要求和变化。而对于企业内部财务管理环境，企业可以采取措施，改善不利环境，以利于企业财务决策。

财务管理环境对企业财务管理活动的影响不尽相同，企业只有充分地把握这些环境的特征，利用好这些环境，才能与环境相协调发展。本书将着重论述宏观环境中与企业财务活动密切相关的经济环境和金融环境。

一、财务管理的经济环境

经济环境是指构成企业生存和发展条件的社会经济状况及国家的经济政策，包括社会经济结构、经济发展水平、经济体制、宏观经济政策、当前经济状况和其他一般经济条件等要素。经济环境对企业生产经营会产生直接且具体的影响。

（一）经济发展水平

经济发展水平是指一个国家经济发展的规模、速度和所达到的水平。反映一个国家经济发展水平的常用指标有国内生产总值（GDP）、国民收入等。经济发展水平提高，将会促进企业改变战略和手段，推动财务管理的不断创新和发展，企业财务管理水平也会提高。

（二）经济周期

经济周期是指整个国民经济活动中，所出现的由扩张到收缩的往复循环。这种循环往

---

① 蒋平，刘梅. 财务管理 [M]. 上海：立信会计出版社，2019：13.

复呈现出周期性波动的特征，可以分为复苏、繁荣、衰退和萧条四个阶段。经济的周期性波动对财务管理活动有着非常重要的影响。在不同发展时期，企业的生产规模、销售能力、获利能力以及由此而产生的资本需求都会出现重大差异。企业对经济周期要有全面了解和把握，这样就可以通过事前预测采取相应对策来应对变化的经济周期带来的影响。

（三）通货膨胀

通货膨胀是由于流通中的货币供应量超过需求量而引起的物价上涨、纸币贬值的一种经济现象。通货膨胀给企业理财带来很大困难，产品成品上升、资金流失、利润虚增、利率上升、筹资困难等。企业面对通货膨胀，为了实现期望的报酬率，必须加强收入和成本管理。同时，使用套期保值等办法减少损失，如提前购买设备和存货、买进现货卖出期货等。

（四）宏观经济政策

宏观经济政策是指政府有计划地运用一定的政策工具，调节控制宏观经济运行，以弥补市场自发调节的缺陷。例如，利用或紧或松的财政政策来调节国民收入分配格局及社会产品和货币的供求关系、国民经济的重大发展比例等，以达到调节收入差距、稳定物价、充分就业、经济增长的目的，保持国民经济的快速健康持续发展；利用行政法规的地区倾斜政策来调节经济结构、缩小地区差距等。这些宏观经济政策的实施对企业的财务活动有重大影响。企业在财务决策时，要认真研究经济政策，按照政策导向行事，才能扬长避短。同时，在财务决策时，为政策的变化留有余地，甚至预见其变化的趋势，对企业理财大有好处。

（五）市场竞争环境

竞争广泛存在于市场经济之中，任何企业都不可回避。企业之间、各产品之间、现有产品和新产品之间的竞争，涉及设备、技术、人才、营销、管理等各个方面。竞争能促使企业用更好的方法来生产更好的产品，对经济发展起推动作用。但对于企业来说，竞争既是机会，也是威胁。为了改善竞争地位，企业往往需要大规模投资，成功之后企业盈利增加，但若投资失败则竞争地位更为不利。竞争是一种"商业战争"，检验了企业的综合实力，经济增长、通货膨胀和利率波动带来的财务问题以及企业的相应对策都会在竞争中体现出来。

从企业所处的市场环境竞争态势来看，市场的类型可以划分为完全垄断市场、完全竞争市场、不完全竞争市场和寡头垄断市场，不同的市场环境对企业财务管理有不同影响。

在完全垄断市场下，由于价格由垄断企业来决定，因而具有垄断地位的企业不会遇到竞争的压力，其购销活动一般都不成问题，价格波动不大，企业不但可以取得稳定的垄断利润，而且面临的市场风险极小。这时候的企业因掌握着经营的主动权，其财务活动也往往处于有利地位，比如，可以融通和使用大量债务资金，或采用预收货款形式减少资金占用等。

在完全竞争市场下，由于商品或劳务的购销价格完全由市场来决定，价格和购销量都容易出现波动，企业时刻都面临竞争风险，企业利润也不稳定。为了扩大销售，企业不得不采取宽松的信用条件，应收款项可能会大量增加，同时企业有可能采取薄利多销的方式，致使企业收益水平下降。这时候的企业在竞争中时刻都面临危机和风险，这种完全自由的讨价还价的竞争条件决定了企业的财务风险因经营风险或市场风险的存在而加大，此时的财务管理必须考虑现金流量问题以及可能陷入财务困境之前如何谨慎运用债务资金。

在不完全竞争和寡头垄断市场下，企业经营财务管理面临的竞争风险小于完全竞争市场，通过优质或特色服务可以使自身处于垄断和优势地位，增强对市场的控制力。因此，这种企业的垄断和优势地位是必须付出代价的，如研发投入、广告宣传、放宽信用条件等。在这些代价的基础上，企业的购销可能会相对稳定，价格也会在一定时期相对稳定，企业可以取得一定的垄断利润。但是，由于其他企业可能在很短时间内赶超本企业，企业还是面临着一定的市场风险和经营风险，进而引发企业的财务风险。考虑到竞争风险的存在，财务管理上必须注意财务风险存在的可能性，采取预防措施。

二、财务管理的金融环境

（一）金融市场

金融市场（financial market）是资金提供者和需求者通过一定的金融工具进行交易融通资金的场所。金融市场和普通商品市场类似，也是一种交换商品的场所。只不过金融交易大多只是货币资金使用权的转移，而普通商品交易是所有权和使用权的同时转移。金融市场交易的对象是股票、债券、银行存单、保险单等证券。这些证券对于投资者来说是一种索取权，是可以产生现金流的资产，对于发行企业来说是一种筹资工具，是将来需要支付现金的义务。金融市场的构成要素包括资金提供者和资金需求者、金融机构、金融工具、交易价格等。金融市场为企业融资和投资提供了场所，可以帮助企业实现长短期资金转换，引导资本流向和流量，提高资本效率。

一个国家有许多金融市场，每个金融市场服务于不同交易者。金融市场可以是一个有形的交易场所，也可以是无形的交易场所，如通过通信网络进行交易。按不同标准，金融市场有不同的分类。

1. 货币市场和资本市场

按照所交易的金融工具的期限是否超过 1 年，金融市场可以分为货币市场和资本市场。货币市场是短期金融工具交易的市场，交易的证券期限不超过 1 年，包括短期国债、商业票据、可转让存单和银行承兑汇票等。货币市场的主要功能是保持金融资产的流动性，以便随时变现满足企业短期资金需求，同时充分利用了企业的闲置资金。

资本市场是期限在 1 年以上的金融工具的交易市场，包括银行中长期存贷市场和有价证券市场。由于长期融资证券化成为一种趋势，因此资本市场也称为"证券市场"。与货币市场相比，资本市场所交易的证券期限较长（超过 1 年），风险较大，利率或投资者要求的报酬率较高。资本市场的主要功能是进行长期资本的融通，包括股票、公司债券、长期政府债券和银行长期贷款等。

2. 一级市场和二级市场

按照交易证券是否初次发行，金融市场可以分为一级市场和二级市场。一级市场也称"发行市场"或"初级市场"，是资金需求者将证券首次出售给公众时形成的市场。它是新证券和票据等金融工具的买卖市场。该市场的主要经营者是投资银行、经纪人和证券自营商。它们承担政府、公司新发行证券的承销或分销。

二级市场也称为"流通市场"或"次级市场"，是在各种证券发行后在不同投资者之间买卖流通所形成的市场。该市场的主要经营者是证券商和经纪人。证券持有者在需要资金时，可以在二级市场将证券变现，潜在投资者也可以进入二级市场购买已经上市的证券。

发行市场是流通市场的基础，流通市场是发行市场存在和发展的重要条件之一。流通市场使证券更具有流动性，正是这种流动性使证券受到欢迎，投资者才更愿意在一级市场买卖证券。二级市场上证券价格越高，公司在一级市场出售证券价格越高，发行公司筹措的资金就越多。因此，与企业理财关系最密切的是二级市场，而不是一级市场。

3. 场内交易市场和场外交易市场

按照交易程序的不同，金融市场可以分为场内交易市场和场外交易市场。场内交易市场是指各种证券交易所。证券交易所有固定的场所、固定的交易时间和规范的交易规则。交易所按拍卖市场的程序进行交易。证券交易所通过网络形成全国性的证券市场，甚至形成国际化市场。

场外交易市场没有固定场所，由很多拥有证券的交易商分别进行，任何人都可以在交易商的柜台上买卖证券，价格由双方协商形成。这些交易商互相利用计算机网络联系，掌握各自开出的价格，竞价充分，与有组织的交易所并无多大差别。

金融市场的基本功能是融通资金，在转移资金的同时又将实际资产预期现金流的风险重新分配给资金提供者和需求者。除此之外，金融市场还具有价格发现、调节经济和节约信息成本的功能。要实现上述功能，必须不断完善金融市场的构成和机制。

（二）金融中介机构

金融市场的参与者主要是资金的提供者和需求者，包括居民、公司和政府。他们是不以金融交易为主业的主体，参与金融交易的目的是调节自身的资金余缺。他们之间的金融交易称为"直接金融交易"，即公司或政府在金融市场上通过发行股票或债券直接融通货币资金。

此外还有一类专门从事金融活动的机构，包括银行、证券公司等金融中介机构（financial intermediaries），它们充当金融交易的媒介。金融市场上的资金供求双方通过金融中介机构实现的资金转移和交易称为"间接金融交易"。

金融中介机构一般分为银行与非银行金融机构两大类。银行是指经营存款、贷款、储蓄、汇兑等金融业务，承担信用中介的金融机构，包括商业银行、信用社等。非银行金融机构是指不从事存贷款业务的金融机构，包括保险公司、证券市场机构、投资基金等。

（三）金融工具

金融工具（financial instruments）是指形成一方的金融资产并形成其他方的金融负债或权益工具的契约，包括债券、股票、外汇、保单等。金融工具具有在必要时转变为现金而不致遭受损失的功能，有些具有规定的偿还期限，金融工具能够带来价值增值，也存在损失的可能性。一般认为，金融工具具有流动性、风险性和收益性的特征。

金融工具按其收益性特征可分为以下三种。

1. 固定收益证券

固定收益证券是指能够提供固定或根据固定公式计算出现金流的证券。例如，公司债券的发行人承诺每年向债券持有人支付固定的利息。有些债券的利率是浮动的，但也规定有明确的计算方法。例如，某公司债券规定按国库券利率上浮 2 个百分点计算并支付利息。固定收益证券是公司筹资的重要形式，它的收益与发行人的财务状况相关程度低。除非发行人破产或违约，证券持有人将按规定数额取得收益。

2. 权益证券

权益证券代表特定公司所有权的份额。发行人事先不对持有者做出支付承诺，收益多少不确定，要看公司经营业绩和净资产的价值，因此其风险高于固定收益债券。权益证券是公司筹资的最基本形式，任何公司都必须有股权资本。权益证券的收益与发行人的经营成果相关程度高，其持有人非常关心公司的经营状况。

3. 衍生证券

衍生证券（derivative security）因其价值依赖于其他资产的价格而得名。衍生证券的种类繁多并不断创新，包括各种形式的金融期权、期货、远期和互换合约等。由于衍生品的价值依赖于其他证券，因此它既可以用来套期保值，也可以用来投机。公司可利用衍生证券进行套期保值或转移风险，但不应依靠投机获利。衍生品投机失败导致公司损失巨大甚至破产的案件时有发生。

第二章　财务管理之筹资管理

第一节　筹资管理概述

企业的创立、正常的生产经营、扩张和发展等一系列企业活动均离不开资金的支持与配合，这就需要想方设法、及时足额地筹到相应资金。但资金的获取受到外部环境和内部状况的种种限制，且资金的筹集和使用必须付出代价，因此正确预测资金需要量，以低成本、低风险及有效的方式筹措企业所需资金是筹资管理所需实现的目标。

筹资是指企业根据生产经营、对外投资及调整资金结构的需要，通过一定的渠道，采取适当的方式，获取所需资金的一种行为。筹集资金是企业资金运动的起点，是决定资金运动规模和生产经营发展程度的重要环节，是财务管理的一项重要内容。

一、筹资的渠道及方式

（一）筹资的主要渠道

筹资渠道是指筹措资金的来源与通道，它体现着资金的来源与供应量。认识和了解各筹资渠道及其特点，有助于企业充分拓宽和正确利用筹资渠道。我国目前的筹资渠道主要有以下七种。

1. 政府财政资金

政府财政资金包括中央政府财政资金及地方政府财政资金，其具有广阔的源泉和稳固的基础。政府财政资金是国有企业最主要的资金渠道，我国现有的国有股份制企业大都是由原有的国有企业改制而成的，其股份总额中的国家股就是国家以各种方式向原国有企业投入的资本。此类资金政策性很强，随着我国经济改革的深入，除了某些关系国计民生的大型重点企业和骨干企业外，政府财政资金在企业自有资金中的比例正逐步减少。

2. 银行信贷资金

我国的银行包括中央银行、商业银行和政策性银行三类。

中国人民银行是我国的中央银行，国家赋予其制定和执行货币政策，对国民经济进行宏观调控，拥有对其他金融机构乃至金融业进行监督管理的权限，地位非常特殊，被俗称为"银行的银行"。中央银行不向企业提供贷款，能向企业提供贷款的银行是商业银行和政策性银行。

商业银行是以营利为主要目标的信用机构，包括国有商业银行、股份制商业银行和合作银行。除了自有资本以外，其资金主要来源于居民储蓄、企事业单位存款。商业银行资金实力雄厚，可以向各类企业提供各种商业性贷款，是各类企业筹资的重要来源。

政策性银行是指由政府发起、出资成立，为贯彻和配合政府特定经济政策和意图而进行融资和信用活动的机构。我国于 1994 年设立了国家开发银行、中国进出口银行、中国农业发展银行三大政策性银行，均直属国务院领导。政策性银行不以营利为目的，为那些商业银行不愿承担的社会亟须、社会效益好，但经济效益不高的项目提供资金支持。

3. 非银行金融机构资金

非银行金融机构是指除银行以外的各种金融机构及金融中介机构。在我国，非银行金融机构主要有保险公司、租赁公司、信托公司、证券公司、企业集团的财务公司以及小额贷款公司等。它们有的集聚社会资本，融资融物；有的承销证券，提供信托服务。目前，这些机构在中国正在快速地发展。

4. 其他法人资金

法人是在法律上人格化了的、依法具有民事权利能力和民事行为能力并独立享有民事权利、承担民事义务的社会组织。我国法人可分为企业法人、事业单位法人和团体法人等，如银行及非银行金融机构即为企业法人。除了银行及非银行金融机构以外的其他法人组织，在日常的资本运营中有时也可能形成部分暂时闲置的资金，为了让其发挥一定的效益，也需要相互融通。这就为企业提供了一种资金来源。

5. 民间资金

居民个人节余货币作为"游离"于银行及非银行金融机构之外的个人资金，也可用于对企业进行投资，形成民间资金。随着证券市场的发展，民间资金已成为股份制企业的一条广阔的筹资渠道。

6. 企业内部资金

企业内部资金主要包括计提的折旧、提取的公积金和非分配利润等。这是企业通过经营而形成的资本积累，其资金的大小取决于企业的盈利能力及利润分配政策，是企业保持持续增长能力的一种主要资金来源。

7. 国外及我国港、澳、台地区资金

我国改革开放后，从国外及我国香港、澳门和台湾地区的金融机构、企业及社会公众那里吸收大量资金到中国大陆地区投资，从而形成外商投资企业的筹资渠道。

企业所能采用的筹资渠道主要取决于企业的性质以及经营业务的内容。一般来说，政府财政资金是我国国有企业筹资的主要来源；银行信贷资金是我国企业债务资金的主要来源；民间资本除了在金融市场购买股票和债券为我国大中型企业提供资金，还成为我国"小微"企业融资的主要源泉。

（二）筹资的主要方式

筹资方式是企业筹集资金所采取的具体形式。筹资渠道体现的是取得资金的客观可能性；筹资方式体现的是通过什么主观行为把筹资的可能性变为现实。企业所能采用的筹资方式取决于企业的组织形式、规模、信誉度、担保能力和经营能力。我国企业筹资方式主要有以下八种。

1. 吸收直接投资

吸收直接投资又称为"投入资本筹资"，是企业以协议形式取得政府、法人、自然人等直接投入的资金形成企业实收资本的一种筹资方式。此方式不以股票为媒介，适用于非股份制企业，筹集的资金量可大可小，可供企业长期使用。

2. 发行股票

发行股票是企业以股票为媒介，通过金融市场向资金所有者直接筹资的一种有效方式，形成企业的股本。此方式适用于股份制企业，发行前期需要较长时间进行准备，筹集的资金量较大，可供企业长期使用。

3. 留存收益

留存收益筹资是指企业将留用利润转化为投资的过程，将企业生产经营所实现的净利润留在企业，而不作为股利分配给股东，其实质为原股东对企业追加投资，形成企业的实收资本或股本，可供企业长期使用。

4. 发行债券

发行债券是企业以债券为媒介，通过金融市场向资金所有者直接筹资的一种有效方式，形成企业的债务，负有到期按约定偿本付息的义务。此方式适用于信誉好的大企业。发行债券前期也需要较长时间进行准备，筹集的资金量较大，一般在企业需要长期资金时才会使用。

5. 借款

借款是企业向银行等金融机构以及其他单位筹集资金的一种方式，形成企业的债务，负有到期按约定偿本付息的义务，主要以向银行借款为主。

根据借款期限的不同，借款可分为长期借款与短期借款。长期借款是指企业向银行或其他金融机构借入的期限在 1 年以上（不含 1 年）或超过 1 年的 1 个营业周期以上的各项借款。长期借款一般用于固定资产的构建、改扩建工程、大修理工程、对外投资以及为了保持长期经营能力等方面的需要。短期借款是企业向银行或其他金融机构等借入的期限在 1 年以下（含 1 年）的各种借款。短期借款一般用来弥补企业自有流动资金的不足。

利用借款筹资方式筹集的资金量可大可小，使用时间可长可短，筹资手续比发行股票、债券简单得多，是企业经常采用的一种筹资方式。

6. 租赁

租赁筹资是指出租人以收取租金为条件，授予承租人在约定的期限内占有和使用财产权利的一种契约性行为。其行为实质是一种借贷属性，形成企业的债务，不过它直接涉及的是物而不是钱。租赁通常按性质可分为经营租赁和融资租赁两大类，其中经营租赁的租期一般较短，融资租赁的租期较长。

7. 商业信用

商业信用筹资是企业通过赊购商品、预收货款等基于商业信用基础之上利用商品交易行为筹集资金的一种方式。其资金使用期限一般较短，在生产经营过程中与商品买卖同时进行，是一种自发性筹资，不需进行非常正规的安排，多数情况下是可以免费使用的。

8. 发行短期融资券

短期融资券是指具有法人资格的企业，依照规定的条件和程序在银行间债券市场发行并约定在一定期限内还本付息无担保的短期本票。在中国，短期融资券是指企业依照《银行间债券市场非金融企业债务融资工具管理办法》的条件和程序在银行间债券市场发行和交易并约定在一定期限内还本付息的有价证券，是企业筹措短期（1 年以内）资金的直接融资方式。

上述方式是比较常见的筹资方式，金融工具的不断创新还为企业筹资提供了更多的新型筹资方式。

二、筹资的不同分类

企业通过各种筹资渠道和筹资方式所筹集的资金，由于属性、期限、来源的不同形成不同的类型。具体分类如下。

（一）按照资金使用时间的长短分类

按照资金使用时间的长短，将企业筹集的资金分为短期资金和长期资金。

短期资金是指供 1 年或一个营业周期以内使用的资金。短期资金主要投资于现金、应收账款、存货等，一般在短期内可收回。短期资金可通过上述筹资方式中的短期借款、发行短期融资券、经营租赁及商业信用方式筹集。

长期资金是指供 1 年或一个营业周期以上使用的资金。长期资金主要投资于新产品的开发和推广、固定资产的投资和更新，一般需要几年甚至更长时间才能收回。长期资金可通过上述筹资方式中吸收直接投资、发行股票、留存收益、发行债券、长期借款及融资租赁等方式筹集。

（二）按照资金性质分类

按照资金性质不同，将企业筹集的资金分为股权资金和债务资金及混合性资金。

股权资金又称为"自有资金"，是企业依法取得并长期拥有、自主调配运用的资金。股权资金由企业成立时各种投资者投入的资金以及企业在生产经营过程中形成的资本公积、盈余公积和未分配利润组成。股权资金可采用吸收直接投资、发行股票及留存收益等方式筹集；筹资渠道可以是国家，也可以是法人或个人，还可以是外商。此时的投资者被称为"企业所有者"。股权资金的所有权归属企业的所有者。企业所有者依法凭其所有权参与企业的经营管理和利润分配，并对企业的债务承担有限或无限责任。企业对股权资金依法享有经营权。在企业存续期间，企业所有者除了依法转让其所有权外，不得以任何方式抽回其投入的资金，因此被视为企业的"永久性资本"。对于筹资者来说，股权资金不需偿还，财务风险较小，但付出的资金成本相对较高；对于投资者（企业所有者）来说，因本金得不到偿还，只能通过盈利分红或资产增值后转让才可收回投资，财务风险较大。

债务资金又称为"借入资金"，是企业依法取得并依约运用、按期偿还的资金。债务资金可采用借款、发行债券、发行商业票据、利用商业信用和租赁等方式取得；筹资渠道可以是银行，也可以是非银行金融机构，还可以是其他法人、个人及外商。此时的投资者被称为"债权人"。企业的债权人有权按期索取本息，但无权参与企业的经营管理和利润分配，对企业的其他债务不承担责任。企业对持有的债务资本在约定的期限内享有经营权，并承担按期还本付息的义务。对于筹资者来说，债务资金到期需要还本付息，当资金紧张时，财务风险较大，但付出的资金成本相对较低；对投资者（债权人）来说，即使企业亏损，只要企业没到资不抵债的程度，其都可收回本息，财务风险较小。

股权资金与债务资金是资金的两种基本形式。相比而言，同一项目，对于投资者来说，股权资金的风险大、收益高，债务资金的风险小、收益低。比较激进的投资者喜欢选择股权资金，比较保守的投资者喜欢选择债务资金。但还有一些介于激进与保守之间的投资者，他们不愿意承担像激进者那样的风险，但又嫌保守者过于胆小、收益太低。这些投资者寻求风险与收益介于股权资金与债务资金两者之间的一种投资。随着金融创新，混合性资金应运而生。混合性资金是指既具有某些股权性资金的特征又具有某些债权性资金的特征的资金形式。企业常见的混合性资金包括优先股、可转换债券和认股权证。

(三) 按照资金来源的范围分类

按照资金来源的范围不同，筹资可分为内部筹资和外部筹资两类。企业一般应在充分利用内部筹资来源之后，再考虑外部筹资问题。

内部筹资是指在企业内部通过留用利润而形成的资金来源。内部筹资是在企业内部自然形成的，因而被称为"自动化的资本来源"，一般无须花费筹资费用，筹资金额的多少通常取决于企业可分配利润的规模和利润分配政策。

外部筹资是指企业在内部筹资不能满足需要时，向企业外部筹集资金而形成的资金来源。外部筹资方式包括吸收直接投资、发行股票、发行债券、借款、租赁、发行融资券、商业信用等。企业的外部筹资或多或少地都要花费一定的筹资费用。

处于初创期的企业，盈利较少甚至可能是亏损的，其内部筹资的可能性是有限的。处于成长期的企业，可能已盈利甚至可能盈利较丰，但由于其想快速扩张，需要的资金规模往往远大于留用利润，内部筹资往往难以满足需要。

三、筹资的基本原则

为了经济有效地筹集资金，筹资必须遵循合法性、效益性、及时性等基本原则。

(一) 合法性原则

企业的筹资活动影响社会资本及资源的流向和流量，涉及相关主体的经济权益。因此，必须遵守国家有关法律法规，依法履行约定的责任，维护有关各方的合法权益，避免非法筹资行为给企业本身及相关主体造成的损失。

(二) 效益性原则

筹集和使用资金必须支付对价，对价即是资金成本。企业筹集资金的渠道、方式多种多样，通过不同筹资渠道和方式取得的资金成本和风险程度各不相同。因此，在选择资金来源和筹资方式时，应根据资金需要量研究各种资金来源的构成，综合考虑各种筹资渠道的资金成本和风险程度等多方面因素，力争构建最优筹资组合以降低综合资金成本。

（三）及时性原则

企业投资一般都有投放时间上的要求。筹资时间必须与投资时间要求相符合，避免筹资时间过早而造成投资前的资本闲置或筹资滞后而错过投资的有利时间。资金的及时供应取决于外部筹资环境和自身条件。比如，从证券市场上筹资一般要求较严，发行股票、债券手续繁杂，资金的供应及时性较低；而银行贷款等则相对容易些。又如，企业规模较大，财务及经营状况良好，也是比较容易获取资金的。

四、影响筹资决策的因素

企业的筹资决策受到各类因素的影响，如经济周期、国家经济政策、有关的法律法规、金融市场及企业的经营现状等。[①] 这些因素，一方面为企业筹资提供机会与条件，另一方面对企业筹资进行制约和限制。

（一）经济周期

经济运行通常呈现波浪形周期特征，大致分为经济复苏、经济繁荣、经济衰退和经济萧条四个阶段。在经济开始复苏并迈向繁荣时，经济增长使商品市场需求旺盛，企业盈利增加，为了提高生产经营能力，企业纷纷扩大投资，从而增加对资金的需求。这将引起资金供求关系发生变化，市场利率上升，此时利用债务筹资的难度加大，筹资成本逐渐增加，但由于公众收入增加，对企业前景看好，引起股票价格上升，利用发行股票筹资的成本可能下降。当经济开始衰退进入萧条期时，企业对资金的需求减少，资金供求关系变化导致市场利率下降，企业利用债务资金的成本降低，利用股票筹资的难度可能有所加大。经济萧条时，尽管市场利率降低，由于企业缺乏市场机会，盈利减少，银行对企业信贷资金的提供要求则会提高。

（二）国家经济政策

国家经济政策主要有货币政策、财政政策和产业政策。货币政策直接影响资金供给量

---

① 葛文雷. 财务管理（第二版）[M]. 上海：东华大学出版社，2003：99.

和市场利率水平。货币政策宽松，市场银根松动，社会持币量增加，市场利率下降，为企业的筹资提供有利机会。税收政策是一种重要的财政政策，国家的税收政策规定企业发行债券和银行借款所生的利息支出可以在所得税前的利润中扣除，而股权性质的资金所发生的股利支出只能用企业税后净利润支付。假使国家提高所得税税率，则企业的债务资本的资本成本将会下降，从而影响企业筹资方式的选择。国家还会实施一定的产业政策，鼓励和限制某些产业的发展。对于被鼓励的产业，从税收到筹资都会有相应的扶持政策；反之，则会增加税负，提高筹资门槛和成本。

（三）法律法规

为保障国家经济平稳运行，国家会制定一系列规范和制约企业筹资行为的有关法律法规，主要有《公司法》《合伙企业法》《个人独资企业法》《证券法》《银行法》《所得税法》等。这些法律法规主要规范了不同类型企业的筹资渠道、不同组织类型企业的筹资方式、企业筹集资金的条件等三方面的内容。法律法规并非一成不变，企业必须随时关注其变化，遵守相关法律法规进行筹资，以免造成非法集资而受到相应的惩处。

（四）企业的经营现状

企业的经营现状一般从盈利能力、运营能力、资产的质量、发展潜力等四个方面进行分析，这些能力直接影响企业的收益和风险，进而影响企业的筹资能力。如果企业的资产质量良好、盈利能力强、偿债能力好，则该企业就比较容易筹到所需资金，且筹资成本也会较低。

上述影响因素对企业的筹资决策的影响不是孤立的，经济周期、国家经济政策、法律法规将最终作用于企业，企业需要综合考虑诸因素以做出正确的决策。

第二节　股权筹资

权益资本是企业最基本的资本，代表了公司的资本实力。股权筹集的资金是企业永久性权益资本，也是其他方式筹资的基础，对于保障企业对资本的最低需求，促进企业长期稳定经营具有重要意义。尽管权益资本无须归还，财务风险较小，股利负担比较灵活，但通常股权筹资的资本成本要高于债务筹资。同时，由于引入新投资者或发售新股，必然导致企业所有权结构的改变，分散企业控制权。吸收直接投资、发行普通股、留存收益筹资和风险资本筹资都是企业筹集权益资本的重要方式。

一、吸收直接投资

吸收直接投资是指企业按照"共同投资、共同经营、共担风险、共享利润"的原则直接吸收国家、法人、个人投入资金的一种筹资方式。吸收直接投资是非股份制企业筹集权益资本的基本方式。采用吸收直接投资方式筹资的企业，资本分成不等额股份，无须公开发行股票。所有认购股份的出资者，都是企业的所有者，对企业拥有经营管理权。如果企业经营状况好，盈利多，出资各方可按出资额的比例分享利润，否则，出资各方要在出资的限额内按出资比例承担损失。

（一）吸收直接投资的类型

1．吸收国家投资

国家投资是指有权代表国家投资的政府部门或者机构以国有资产投入企业，这种情况下形成的资本叫作"国有资本"。根据《企业国有资本与财务管理暂行办法》的规定，国家对企业注册的国有资本实行保全原则。企业在持续经营期间，对注册的国有资本除依法转让外，不得抽回，并且以出资额为限承担责任。

吸收国家投资的特点是产权归属国家，资金的运用和处置受国家约束较大，所以在国有企业中采用比较广泛。

2．吸收法人投资

法人投资是指法人单位以其依法可以支配的资产投入企业，这种情况下形成的资本叫法人资本。吸收法人投资的特点是筹资发生在法人单位之间，以参与企业利润分配或控制为目的，出资方式灵活多样。

3．吸收社会公众投资

社会公众投资是指社会个人或本企业内部员工以个人合法财产投入企业，这种情况下形成的资本叫"个人资本"。吸收社会公众投资的特点是参与投资的人员较多，每人投资的数额相对较少，以参与企业利润分配为目的。

（二）吸收直接投资的不同形式

企业在采用吸收投资方式筹资时，投资者可以用货币资金、厂房、机器设备、材料物资、无形资产等作价出资。

1. 以货币资金出资

货币资金出资是企业吸收直接投资最为主要形式之一。有了货币资金，便可以获得其他物资资源，支付各种费用，满足企业的创建开支和日常周转需要。因此，企业应鼓励投资者采用货币资金方式投资。

2. 以实物出资

吸收实物投资是投资者以厂房、建筑物、设备等固定资产和原材料、燃料等流动资产所进行的投资。一般来说，企业吸收的实物投资应确为企业科研、生产、经营所需，技术性能比较好，而且作价公平合理。投资实物的价格，可以由出资各方协商确定，也可聘请专业评估机构评估确定，作为出资作价基础。

3. 以工业产权出资

吸收工业产权投资是投资者以专有技术、商标权、专利权等无形资产所进行的投资。企业吸收的工业产权应能帮助企业研究和开发新的高科技产品，生产出适销对路的高科技产品，改进产品质量，提高生产效率，大幅度降低各种消耗，而且作价公平合理。

企业吸收工业产权投资的风险较大，因为以工业产权投资，实际上把相关技术资本化，把技术的价值固定化，而技术具有时效性，会随时间推移或技术进步而导致价值不断减少甚至完全丧失。因此，筹资时应特别谨慎，认真进行可行性研究。

4. 以土地使用权出资

土地使用权是指出资者按有关法规和合同的规定使用土地进行建筑、生产经营或其他活动的权利。土地使用权具有相对的独立性，投资者也可以用土地使用权进行投资。企业吸收土地使用权投资应为企业科研、生产、销售活动所需要的，交通、地理条件比较适宜，而且作价公平合理。

(三) 吸收直接投资的基本特点

1. 有利于尽快形成生产能力

吸收直接投资不但可筹集部分货币资金，而且能够直接取得所需的先进设备和先进技术，有利于尽快形成生产经营能力，尽快开拓市场。

2. 有利于信息沟通

吸收直接投资的投资者比较少，股权没有分散化、社会化，有些投资者直接参与企业的经营管理，企业与投资者之间信息沟通方便，有利于各项经营决策的制定和贯彻。

3. 资金成本较高

由于企业向投资者支付报酬，是根据其出资的数额和企业实现利润的多寡来计算的，所以负担的资金成本较高，特别是企业经营状况较好和盈利较多时，投资者往往要求将大部分盈余作为红利分配。

4. 企业控制权容易分散

作为投资者，一般要求获得与投资数量相适应的经营管理权。如果外部投资者的投资较多，则投资者会有相当大的管理权，甚至会对企业实行完全控制，容易损害其他投资者的利益。

5. 筹资规模受到限制

由于没有证券做媒介，不便于产权交易，投资者资本进来容易、出去难，难以吸收大量的社会资本参与，因而限制了筹资规模。

二、普通股筹资

股票是股份公司为筹集权益资本而发行的有价证券，是公司签发的证明股东所持股份的凭证，代表了股东对股份制公司的所有权。购买股票的所有者称为"股东"，以股东权利和义务的大小为标准，可把股票分为普通股和优先股。普通股（ordinary share）是股份有限公司发行的无特别权利的股份，也是最基本、标准的股份。持有普通股股份者为普通股股东，每一份股权包含对公司的财产享有的平等权利。

（一）普通股股东的权利

1. 对公司的管理权

普通股股东对公司的管理权主要体现在董事会选举中有选举权和被选举权，通过选出的董事会成员代表全体股东对企业进行控制和管理，包括重大决策参与权、经营者选择权、财务监控权等。

2. 分享收益权

普通股股东有权通过股利方式获取公司的税后利润。收益的分配方案由股东大会决定，每一个会计年度由董事会根据企业的盈利数额和财务状况来决定分发股利的多少，并经股东大会批准通过。

3. 股份出售或转让的权利

股东有权将其所持有的股票出售或转让，而无须其他股东的同意。股东可以在证券市场上自由转让或出售，这也是股东的一项基本权利。

4. 优先认股权

当公司增发普通股股票时，普通股股东具有优先于其他投资者购买公司增发新股票的权利，即原有股东有权按持有公司股票的比例，在一定的期限内以低于市价的认购价格购买新股。这种特权是为了使原有股东能保持其对公司资本的既有份额，使股权不至于过度分散。

5. 剩余财产的要求权

当公司解散、清算时，普通股股东对剩余财产有要求权。但公司破产清算时，普通股股东是最后的财产分配者。财产的变卖收入首先用来支付工人工资和清偿债务，然后支付给优先股股东，最后才分给普通股股东。所以，破产清算时，普通股股东实际很少能分到剩余财产。

（二）股票的首次发行

股份有限公司在设立时，通常以发行股票的方式来筹集资金用于生产经营，称为"首次发行"（IPO）。股票的发行实行公开、公平、公正的原则，必须同股同权、同股同利。同次发行的股票，每股的发行条件和价格应当相同。发行股票要接受证券监督管理机构的管理和监督。按国际惯例，股份公司发行股票必须具备一定的发行条件，取得发行资格，并办理必要手续后才能发行。

1. 股票首次发行的一般程序

（1）提出募集股份的申请。

（2）公告招股说明书，制作认股书，签订承销协议和代收股款协议。

（3）招认股份，缴纳股款。

（4）召开创立大会，选举董事会、监事会。

（5）办理设立登记，交割股票。

2. 股票发行的两种方式

按股票是否面向社会公众，股票发行方式可以分为公开发行和不公开直接发行两类。

公开发行是指发行公司公开向社会公众发行股票，筹集资金。按有无中介机构参与，公开发行方式又可分为公开直接发行和公开间接发行。公开直接发行是指发行公司自己办理发行事宜，承担发行风险；公开间接发行又称"公募发行"，是指由投资银行或证券公司等中介机构承担发行股票事宜。股票公开发行方式发行范围广、发行对象多，易于足额募集资金；股票的变现能力强、流通性好，有助于提高发行公司的知名度和扩大其影响力。但这种发行方式手续繁杂，发行成本高。我国股份有限公司采用募集设立方式向社会公开发行新股时，须由证券经营机构承销的做法，就属于公开间接发行。

不公开直接发行又称"私募发行"，是指不公开对外发行股票，只向少数特定对象直接发行，因而不需经中介机构承销。不公开直接发行的筹备时间短、费用低、手续简单，但发行范围小、股票变现能力差。我国股份有限公司采用发起设立方式和以不向社会公开募集的方式发行新股，都属于这种方式。

3. 股票的发行价格

股票的发行价格是股票发行时所使用的价格，也就是投资者认购股票时所支付的价格。股票的发行价格一般有三种：等价、时价和中间价。

等价就是以股票的票面额为发行价格，也称为"平价发行"或"面额发行"。这种发行价格，一般在股票的初次发行或在股东内部分摊增资的情况下采用。等价发行可确保及时、足额地筹措资金。

时价就是以股票在流通市场上买卖的实际价格为基准确定的股票发行价格，也称"市价发行"。选用时价发行股票，考虑了股票的现行市场价值，对投资者有较大的吸引力。

中间价就是以时价和等价的中间值确定股票的发行价格。按时价或中间价发行股票，股票的发行价格会高于或低于其面额。前者称"溢价发行"，后者称"折价发行"。我国《公司法》规定，股票的发行价格不得低于票面金额（折价）。股票采用溢价发行的，其发行价格由发行人与承销的证券公司协商确定。发行人通常会参考公司经营业绩、净资产、发展潜力、发行数量、行业特点、股市状态等确定发行价格。

4. 承销商

如果选择发行股票等证券筹资，企业管理层会与投资银行等金融机构联系，由投资银行负责公司股票发行的承销工作。投资银行（investment bank）是现代金融业适应市场经济发展形成的一个新兴行业。它属于金融服务业，主要服务于资本市场，从事一级市场上的承销业务、并购和融资业务的财务顾问等资本市场活动。承销是指投资银行从发行方购买新发行的证券，并将这些证券转售给投资公众。承销商（underwriter）主要提供为发行方拟定发行证券的方式、为新证券定价以及发售新证券等服务。承销商一般以低于发行价的价格购买证券并承担未来不能售出证券的风险，为此承销商常常会联合起来组成团队，即承销团，来共同销售证券、承担风险。投资银行或承销团可以采用私募发行形式，也可以采用公开发行形式，其帮助公司发行证券，目的是获取支付给发行方的价款与面向公众的发行价之间的差额。

（三）股权再融资

公司通过证券市场进行股权再融资（SEO），是公司持续发展的重要动力源泉之一，也是发挥证券市场资源配置功能的基本方式。股权再融资的方式主要有增发新股和向现有股东配股。

已设立的股份有限公司为不断扩大生产经营规模，也需通过发行股票来筹集所需资金，此类发行为增资发行，包括公开增发和非公开增发。公开增发与首次发行类似，而非公开增发（也称"定向增发"），主要针对机构投资者、大股东及关联方。其中的战略投资者是与发行人具有合作关系或意向并愿意按照发行人配售要求与发行人签署战略投资配售协议的法人，其与发行公司业务紧密联系并打算长期持有公司股票。上市公司通过非公开增发引入战略投资者，不仅获得战略投资者的资金，还有助于引入其管理理念和经验，改善公司治理。

配股是向原普通股股东按其持股比例、以低于市价的某一特定价格配售一定数量新发行股票的融资行为。配股赋予企业现有股东配股权，使现有股东拥有合法的优先购买新发股票的权利。配股权实际上是一种短期看涨期权，配股权的行权价格一般低于当前股票价格，因此配股权具有价值。配股融资鼓励原有股东认购新股，能够增加发行量，并不改变原有的控制权结构，通过折价配售可以补偿原有股东由于新股发行带来的每股收益稀释。

（四）股票上市

股票上市指的是股份有限公司公开发行的股票经批准在证券交易所进行挂牌交易。经批准在交易所上市交易的股票称为"上市股票"。

公司一旦上市，就可以有更多的机会从证券市场上筹集资金，会有更多的投资者认购公司股票，资本大众化有助于分散公司风险、改善财务状况。股票上市后，股票有市价可循，容易确定公司的价值，有利于促进公司财富最大化，提高了股票的流动性和变现能力。股票上市公司为社会所知，并被认为经营优良，这会给上市公司带来良好的声誉，从而吸引更多的顾客，扩大公司的销售。

但股票上市也会带来不利影响。公司上市后，所有重要决策都需要经董事会讨论通过，股东们通常以公司盈利、分红、股价等来判断管理人员的业绩，限制管理人员操作的自由度。公司失去隐私权，必须按照国家证券管理机构要求将企业重要的经营情况向社会公众公开。这些压力往往使得企业管理人员只注重短期效益而忽略长期效益。另外，公开上市需要很高的费用，包括资产评估费用、股票承销佣金、律师费、注册会计师费、材料印刷费和登记费等。

（五）普通股筹资的主要特点

1. 筹资风险小

发行普通股筹措的资本具有永久性，无到期日，不需归还。股利的支付与否和支付多少，视公司有无盈利和经营需要而定，不用支付固定的股利，所以财务风险较小。

2. 能增加公司的信誉

发行普通股筹集的资本是公司最基本的资金来源，它反映了公司的实力，可作为其他方式筹资的基础，尤其可为债权人提供保障，增加公司的举债能力。

3. 筹资限制较少

利用优先股或负债筹资会有许多限制，这些限制会影响企业的灵活性，而普通股筹资就不会受到这种限制。由于普通股的预期收益较高，并可一定程度地抵消通货膨胀的影响，因此普通股筹资容易吸收资金。

4. 资金成本较高

从投资者的角度来讲，投资普通股风险较高，相应地要求有较高的投资报酬率，对筹资公司来讲，资金成本较高，而且普通股股利从税后利润中支付，因而不具有抵税作用。此外，普通股的发行费用一般也高于其他证券。

5. 容易分散控制权

以普通股筹资会增加新股东，可能会分散公司的控制权。并且新股东对公司的累积和盈余有分享权，等于把好公司送给了别人，同时可能会降低每股净收益，损害现有股东的利益，引起普通股市价下跌，并有被收购的风险。

三、留存收益筹资

留存收益（retained earnings）筹资是一种内部筹资的方式。公司的税后利润除了一部分作为股利分配给股东，剩下的就是作为留存收益为企业所保留，成为公司扩大生产经营的重要资金来源。因此，公司对税后利润进行分配时，计提的盈余公积和支付股东的股利后余下的税后利润就可供公司支配使用。把盈余公积和税后利润留归企业支配使用称为"留存收益筹资"，这种做法是企业筹集权益资金的重要方式。

（一）留存收益筹资的来源渠道

留存收益筹资的来源渠道有以下两个方面。

1. 盈余公积

盈余公积是指有指定用途的留存净利润，它是公司按照《公司法》规定从净利润中提取的积累资金，包括法定盈余公积和任意盈余公积。盈余公积主要用于企业未来的经营发展需要。

2. 未分配利润

未分配利润是指未限定用途的留存净利润。这里有两层含义：一是这部分利润没有分给公司的股东或投资者；二是这部分净利润未指定用途，可以用于企业未来经营发展、转增资本以及以后年度利润分配。

（二）留存收益筹资的主要特点

1. 资金成本较低

留存收益从内部筹集，不发生筹资费用。企业向外界筹集长期资金，无论采用股票、债券还是银行借款，都需要支付大量筹资费用，而利用留存收益进行筹资，则无须支付这部分费用。

2. 保持企业的控制权稳定

用留存收益筹资，不用对外发行股票或吸引新的投资者，由此增加的权益资本不会改变企业的股权结构，不会稀释原有股东的控制权。

3. 筹资数额有限

留存收益筹资最大可能的数额是企业当期的税后利润和上年未分配利润之和。如果企业经营亏损，就没有这一资金来源。此外，留存收益的比例常常受到某些股东的限制，它们可能从消费需求、风险偏好等因素出发，要求企业保持稳定或增长的分配政策。

留存收益的资金成本就是股东对公司的普通股所要求的报酬率。如果公司能够将留存收益投资于报酬率更高的项目，将会给公司的股东带来更多的好处。由于向外部筹资，其筹集费用通常很高，而留存收益不必动用现金支付筹集费用。留存收益已经成为公司日益重视的内部筹资方式。企业应当加强内部经营管理，增收节支，通过增加留存收益来扩大内部权益资金的积累。

四、风险资本筹资

企业早期创业时需要大量资金来维持运营，但银行信贷一般很少会支持没有多少资产和几乎没有信用记录的初创企业，这时寻求风险资本投资是一个较好的选择。

风险资本（venture capital），一般是指为新创、风险较高的企业融资并取得股权的一种融资方式。天使投资是风险投资的一种形式，是指具有一定净财富的人士，对具有巨大发展潜力的高风险的初创企业进行早期的直接投资，属于自发而又分散的民间投资方式。这些进行投资的人士被称为"投资天使"，一般是私人投资者，专门从事小额风险投资业务，是风险投资的先锋。用于投资的资本称为"天使资本"。天使投资根据天使投资人的投资数量以及对被投资企业可能提供的综合资源进行投资，而风险投资则专门从不同渠道筹集资金然后进行投资。

风险投资公司是专业的投资公司，由一群具有科技及财务相关知识与经验的人组合而成，经由直接投资被投资公司股权的方式，提供资金给需要资金者（被投资公司）。风险投资公司的资金大多用于投资新创事业或是未上市企业，并不以经营被投资公司为目的，仅是提供资金及专业上的知识与经验，以协助被投资公司获取更大的利润为目的。风险投资家既是投资者又是经营者。风险投资家一般都有很强的技术背景，同时他们也拥有专业的经营管理知识，这样的知识背景帮助他们能够很好地理解高科技企业的商业模式，并且能够帮助创业者改善企业的经营和管理。

风险投资之所以被称为"风险投资"，是因为在风险投资中有很多的不确定性，给投资及其回报带来很大的风险。一般来说，风险投资都是投资于拥有高新技术的初创企业，这些企业的创始人大多具有很出色的技术专长，但是在公司管理上缺乏经验。另外一点就是这些高新技术能否在短期内转化为实际产品并为市场所接受，这也是不确定的。还有其他的一些不确定因素导致人们普遍认为这种投资具有高风险性，但是不容否认的是风险投资的高回报率。

虽然风险投资市场巨大，实际上可以得到的风险资本却非常有限。风险投资公司会收到大量初创企业的投资计划书，风险资本家在很大程度上依赖律师、会计师、银行家等之间的联系来分辨潜在的投资机会。因此，要想成功进入风险资本市场，需要大力推介自己。另外，风险资本筹资成本很高，一般风险资本家会要求享有公司40%左右的股权，在公司出售或清算时拥有各种优先权利、占有董事会席位等。

第三节　债务筹资

债务筹资主要是企业通过向银行借款、向社会发行公司债券、融资租赁以及赊购商品或劳务等方式筹集和取得的资金。向银行借款、发行债券、融资租赁和商业信用，是债务筹资的基本形式。其中不足 1 年的短期借款在企业经常发生，与企业资金营运有密切关系。

一、银行借款

银行借款是指企业向银行或其他非银行金融机构借入的、需要还本付息的款项，包括偿还期限超过 1 年的长期借款和不足 1 年的短期借款，主要用于企业购建固定资产和满足流动资金周转的需要。

（一）银行借款的不同类型

1. 按照提供贷款的机构分类

按照提供贷款的机构，分为政策性银行贷款、商业性银行贷款和其他金融机构贷款。

政策性银行贷款是指执行国家政策性贷款业务的银行向企业发放的贷款，通常为长期贷款。例如，国家开发银行贷款主要满足企业承建国家重点建设项目的资金需要；中国进出口信贷银行贷款主要为大型设备的进出口提供买方信贷或卖方信贷；中国农业发展银行贷款主要用于确保国家对粮、棉、油等政策性收购资金的供应。

商业性银行贷款是指由各商业银行，如中国工商银行、中国建设银行、中国农业银行、中国银行等，向工商企业提供的贷款，用以满足企业生产经营的资金需要，包括短期贷款和长期贷款。

其他金融机构贷款，如从信托投资公司取得实物或货币形式的信托投资贷款，从财务公司取得的各种中长期贷款，从保险公司取得的贷款等。其他金融机构的贷款一般较商业银行贷款的期限要长，要求的利率较高，对借款企业的信用要求和担保的选择比较严格。

2. 按照机构对贷款有无担保要求分类

按照机构对贷款有无担保要求，分为信用贷款和担保贷款。

信用贷款是指以借款人的信誉或保证人的信用为依据而获得的贷款。企业取得这种贷款，无须以财产作抵押。对于这种贷款，由于风险较高，银行通常要收取较高的利息，往往还附加一定的限制条件。

担保贷款是指由借款人或第三方依法提供担保而获得的贷款。担保包括保证责任、财务抵押、财产质押，由此，担保贷款包括保证贷款、抵押贷款和质押贷款。

保证贷款是指按《担保法》规定的保证方式，以第三人作为保证人承诺在借款人不能偿还借款时，按约定承担一定保证责任或连带责任而取得的贷款。

抵押贷款是指按《担保法》规定的抵押方式，以借款人或第三人的财产作为抵押物而取得的贷款。抵押是指债务人或第三人不转移财产的占有，将该财产作为债权的担保，债务人不履行债务时，债权人有权将该财产折价或者以拍卖、变卖的价款优先受偿。作为贷款担保的抵押品，可以是不动产、机器设备、交通运输工具等实物资产，可以是依法有权处分的土地使用权，也可以是股票、债券等有价证券，它们必须是能够变现的资产。如果贷款到期借款企业不能或不愿偿还贷款，银行可取消企业对抵押品的赎回权。抵押贷款有利于降低银行贷款的风险，提高贷款的安全性。

质押贷款是指按《担保法》规定的质押方式，以借款人或第三人的动产或财产权利作为质押物而取得的贷款。质押是指债务人或第三人将其动产或财产权利移交给债权人占有，将该动产或财务权利作为债权的担保，债务人不履行债务时，债权人有权以该动产或财产权利折价或者以拍卖、变卖的价款优先受偿。作为贷款担保的质押品，可以是汇票、支票、债券、存款单、提单等信用凭证，可以是依法可转让的股份、股票等有价证券，也可以是依法可以转让的商标专用权、专利权、著作权中的财产权等。

3. 按照企业取得贷款的用途分类

按照企业取得贷款的用途，分为基本建设贷款、专项贷款和流动资金贷款。

基本建设贷款是指企业因从事新建、改建、扩建等基本建设项目需要资金而向银行申请借入的款项。

专项贷款是指企业因为专门用途而向银行申请借入的款项，包括更新改造技改贷款、大修理贷款、研发和新产品研制贷款、小型技术措施贷款、出口专项贷款、引进技术转让费周转金贷款、进口设备外汇贷款、进口设备人民币贷款及国内配套设备贷款等。

流动资金贷款是指企业为满足流动资金的需求而向银行申请借入的款项，包括流动基金借款、生产周转借款、临时借款、结算借款和卖方信贷。

（二）银行借款的程序及保护性条款

1. 银行借款的基本程序

（1）提出申请。企业根据筹资需求向银行书面申请，按银行要求的条件和内容填报借款申请书。

（2）银行审批。银行按照有关政策和贷款条件，对借款企业进行信用审查，依据审批权限，核准公司申请的借款金额和用款计划。银行审查的主要内容是：公司的财务状况；信用情况；盈利的稳定性；发展前景；借款投资项目的可行性；抵押品和担保情况。

（3）签订合同。借款申请获批准后，银行与企业进一步协商贷款的具体条件，签订正式的借款合同，规定贷款的数额、利率、期限和一些约束性条款。

（4）取得借款。借款合同签订后，企业在核定的贷款指标范围内，根据用款计划和实际需要，一次或分次将贷款转入公司的存款结算户，以便使用。

2. 长期借款的保护性条款

由于银行等金融机构提供的长期贷款金额高、期限长、风险大，因此，除了借款合同的基本条款，债权人通常还在借款合同中附加各种保护性条款，以确保企业按要求使用借款和按时足额偿还借款。保护性条款一般有以下三类。

（1）例行性保护条款。这类条款作为例行常规，在大多数借款合同中都会出现。主要包括：①要求定期向提供贷款的金融机构提交财务报表，以使债权人随时掌握公司的财务状况和经营成果。②不准在正常情况下出售较多的非产成品存货，以保持企业正常生产经营能力。③如期清偿应缴纳税金和其他到期债务，以防被罚款而造成不必要的现金流失。④不准以资产做其他承诺的担保或抵押。⑤不准贴现应收票据或出售应收账款，以避免有负债等。

（2）一般性保护条款。一般性保护条款是对企业资产的流动性及偿债能力等方面的要求条款，这类条款应用于大多数借款合同，主要包括：①保持企业的资产流动性。要求企业需持有一定最低限度的货币资金及其他流动资产，以保持企业资产的流动性和偿债能力，一般规定了企业必须保持的最低营运资金数额和最低流动比率数值。②限制企业非经营性支出。如限制支付现金股利、购入股票和职工加薪的数额规模，以减少企业资金的过度外流。③限制企业资本支出的规模。控制企业资产结构中的长期性资产的比例，以减少公司日后不得不变卖固定资产以偿还贷款的可能性。④限制公司再举债规模。目的是防止其他债权人取得对公司资产的优先索偿权。⑤限制公司的长期投资。如规定公司不准投资于短期内不能收回资金的项目，不能未经银行等债权人同意而与其他公司合并等。

（3）特殊性保护条款。这类条款是针对某些特殊情况而出现在部分借款合同中的条款，只有在特殊情况下才能生效。主要包括：要求公司的主要领导人购买人身保险；借款的用途不得改变；违约惩罚条款；等等。

上述各项条款结合使用，将有利于全面保护银行等债权人的权益。但借款合同是经双方充分协商后决定的，其最终结果取决于双方谈判能力的大小，而不是完全取决于银行等债权人的主观愿望。

（三）银行借款的筹资特点

1. 筹资速度快

与发行债券、融资租赁等债权筹资方式相比，银行借款的程序相对简单，所花时间较短，公司可以迅速获得所需资金。

2. 资本成本较低

利用银行借款筹资，比发行债券和融资租赁的利息负担要低。而且，无须支付证券发行费用、租赁手续费用等筹资费用。

3. 筹资弹性较大

在借款之前，公司根据当时的资本需求与银行等贷款机构直接商定贷款的时间、数量和条件。在借款期间，若公司的财务状况发生某些变化，也可与债权人再协商，变更借款数量、时间和条件，或提前偿还本息。因此，借款筹资对公司具有较大的灵活性，特别是短期借款更是如此。

4. 限制条款多

与债券筹资相比较，银行借款合同对借款用途有明确规定，通过借款的保护性条款，对公司资本支出额度、再筹资、股利支付等行为有严格的约束，以后公司的生产经营活动和财务政策必将受到一定程度的影响。

5. 筹资数额有限

银行借款的数额往往受到贷款机构资本实力的制约，不可能像发行债券、股票那样一次筹集到大笔资金，无法满足公司大规模筹资的需要。

二、发行公司债券

企业债券又称"公司债券"，是企业依照法定程序发行、约定在一定期限内还本付息的有价证券。债券是持有人拥有公司债权的书面证书，它代表持券人同发债公司之间的债权债务关系。

（一）发行债券的条件与种类

1. 发行债券的一般条件

在我国，根据《公司法》的规定，股份有限公司、国有独资公司和两个以上的国有公司或者两个以上的国有投资主体投资设立的有限责任公司，具有发行债券的资格。

根据《证券法》的规定，公开发行公司债券，应当符合下列条件：①股份有限公司的净资产不低于3000万元人民币，有限责任公司的净资产不低于6000万元人民币；②累计债券余额不超过公司净资产的40%；③最近3年平均可分配利润足以支付公司债券1年的利息；④筹集的资金投向符合国家产业政策；⑤债券的利率不超过国务院限定的利率水平；⑥国务院规定的其他条件。

公开发行公司债券筹集的资金，必须用于核准的用途，不得用于弥补亏损和非生产性支出。

根据《证券法》的规定，公司申请公司债券上市交易，应当符合下列条件：①公司债券的期限为1年以上；②公司债券实际发行额不少于5000万元人民币；③公司申请债券上市时仍符合法定的公司债券发行条件。

2. 公司债券的不同种类

（1）按是否记名，分为记名债券和无记名债券。

记名公司债券，应当在公司债券存根簿上载明债券持有人的姓名及住所、债券持有人取得债券的日期及债券的编号等债券持有人信息。记名公司债券，由债券持有人以背书方式或者法律、行政法规规定的其他方式转让；转让后由公司将受让人的姓名或者名称及住所记载于公司债券存根簿。

无记名公司债券，应当在公司债券存根簿上载明债券总额、利率、偿还期限和方式、发行日期及债券的编号。无记名公司债券的转让，由债券持有人将该债券交付给受让人后即发生转让的效力。

（2）按是否能够转换成公司股权，分为可转换债券与不可转换债券。

可转换债券，债券持有者可以在规定的时间内按规定的价格转换为发债公司的股票。这种债券在发行时，对债券转换为股票的价格和比率等都做了详细规定。《公司法》规定，可转换债券的发行主体是股份有限公司中的上市公司。

不可转换债券，是指不能转换为发债公司股票的债券，大多数公司债券属于这种类型。

（3）按有无特定财产担保，分为担保债券和信用债券。

担保债券是指以抵押方式担保发行人按期还本付息的债券，主要是指抵押债券。抵押债券按其抵押品的不同，又分为不动产抵押债券、动产抵押债券和证券信托抵押债券。

信用债券是无担保债券，是仅凭公司自身的信用发行、没有抵押品做抵押担保的债券。在公司清算时，信用债券的持有人因无特定的资产做担保品，只能作为一般债权人参与剩余财产的分配。

（二）发行债券的程序

1. 作出决议

公司发行债券要由董事会制定方案，股东大会作出决议。

2. 提出申请

我国规定，公司申请发行债券由国务院证券管理部门批准。证券管理部门按照国务院确定的公司债券发行规模，审批公司债券的发行。公司申请应提交公司登记证明、公司章程、公司债券募集办法、资产评估报告和验资报告。

3. 公告募集办法

企业发行债券的申请经批准后，向社会公告债券募集办法。公司债券分私募发行和公募发行，私募发行是以特定的少数投资者为对象发行债券，而公募发行则是在证券市场上以非特定的广大投资者为对象公开发行债券。

4. 委托证券经营机构发售

公募间接发行是各国通行的公司债券发行方式，在这种发行方式下，发行公司与承销团签订承销协议。承销团由数家证券公司或投资银行组成，承销方式有代销和包销两种。代销是指承销机构代为推销债券，在约定期限内未售出的余额可退还发行公司，承销机构不承担发行风险。包销是由承销团先购入发行公司拟发行的全部债券，然后再售给社会上的投资者，如果约定期限内未能全部售出，余额要由承销团负责认购。

5. 交付债券、收缴债券款、登记债券存根簿

发行债券通常不需经过填写认购证过程，由债券购买人直接向承销机构付款购买，承销单位付给企业债券，然后，发行公司向承销机构收缴债券款并结算代理费及预付款项。

（三）债券的偿还类型

债券偿还时间按其实际发生与规定的到期日之间的关系，分为提前偿还与到期偿还两类，其中后者又包括分批偿还和一次偿还两种。

1. 提前偿还

提前偿还又称"提前赎回"或"收回"，是指在债券尚未到期之前就予以偿还。只有在公司发行债券的契约中明确规定了有关允许提前偿还的条款，公司才可以进行此项操作。提前偿还所支付的价格通常要高于债券的面值，并随到期日的临近而逐渐下降。具有提前偿还条款的债券可使公司筹资有较大的弹性。当公司资金有结余时，可提前赎回债券；当预测利率下降时，也可提前赎回债券，而后以较低的利率来发行新债券。

2. 分批偿还

如果一个公司在发行同一种债券的当时就为不同编号或不同发行对象的债券规定了不同的到期日，这种债券就是分批偿还债券。因为各批债券的到期日不同，它们各自的发行价格和票面利率也可能不相同，从而导致发行费较高，但由于这种债券便于投资人挑选最合适的到期日，因而便于发行。

3. 一次偿还

一次还本付息债券是指在债务期间不支付利息，只在债券到期后按规定的利率一次性向持有者支付利息并还本的债券。到期一次偿还的债券是最为常见的。

（四）发行公司债券的筹资特点

1. 一次筹资数额大

利用发行公司债券筹资，能够筹集大额的资金，满足公司大规模筹资的需要，这是在银行借款、融资租赁等债权筹资方式中，企业选择发行公司债券筹资的主要原因，也能够适应大型公司经营规模的需要。

2. 提高公司的社会声誉

公司债券的发行主体，有严格的资格限制。发行公司债券，往往是股份有限公司和有实力的有限责任公司所为。通过发行公司债券，一方面筹集了大量资金，另一方面也扩大了公司的社会影响。

3. 筹集资金的使用限制条件少

与银行借款相比，债券筹资筹集资金的使用具有相对的灵活性和自主性。特别是发行债券所筹集的大额资金，能够也主要用于流动性较差的公司长期资产上。从资金使用的性质来看，银行借款一般期限短、额度小，主要用途为增加适量存货、增加小型设备等；反之，期限较长、额度较大，用于公司扩张、增加大型固定资产和基本建设投资的需求多采用发行债券方式。

4. 能够锁定资本成本的负担

尽管公司债券的利息比银行借款高，但公司债券的期限长、利率相对固定。在预计市场利率持续上升的金融市场环境下，发行公司债券筹资能够锁定资本成本。

5. 发行资格要求高，手续复杂

发行公司债券，实际上是公司面向社会负债，债权人是社会公众，因此国家为了保护投资者利益，维护社会经济秩序，对发债公司的资格有严格的限制。从申报、审批、承销到取得资金，需要经过很多环节和较长时间。

6. 资本成本较高

相比于银行借款筹资，发行债券的利息负担和筹资费用都比较高，而且债券不能像银行借款一样进行债务展期，加上大额的本金和较高的利息，在固定的到期日，将会对公司现金流量产生巨大的财务压力。

三、融资租赁

租赁，是指通过签订资产出让合同的方式，使用资产的一方（承租方）通过支付租金，向出让资产的一方（出租方）取得资产使用权的一种交易行为。在这项交易中，承租方通过得到所需资产的使用权，完成了筹集资金的行为。

（一）租赁的特征与分类

1. 租赁的特征

（1）所有权与使用权相分离。租赁资产的所有权与使用权分离是租赁的主要特点之一。银行信用虽然也是所有权与使用权相分离，但载体是货币资金，租赁则是资金与实物相结合基础上的分离。

（2）融资与融物相结合。租赁是以商品形态与货币形态相结合提供的信用活动，出租人在向企业出租资产的同时，解决了企业的资金需求，具有信用和贸易双重性质。它不同于一般的借钱还钱、借物还物的信用形式，而是借物还钱，并以分期支付租金的方式来体现。租赁的这一特点银行信贷和财产信贷融合在一起，成为企业融资的一种新形式。

（3）租金的分歧归流。在租金的偿还方式上，租金与银行信用到期还本付息不一样，采取了分期回流的方式。出租方的资金一次投入，分期收回。对于承租方而言，通过租赁可以提前获得资产的使用价值，分期支付租金便于分期规划未来的现金流出量。

2．租赁的分类

租赁分为融资租赁和经营租赁。

经营租赁是由租赁公司向承租单位在短期内提供设备，并提供维修、保养、人员培训等的一种服务性业务，又称"服务性租赁"。经营租赁的特点主要是：①出租的设备一般由租赁公司根据市场需要选定，然后再寻找承租企业；②租赁期短于资产的有效使用期，在合理的限制条件内承租企业可以中途解约；③租赁设备的维修、保养由租赁公司负责；④租赁期满或合同中止以后，出租资产由租赁公司收回。经营租赁比较适用于租用技术过时较快的生产设备。

融资租赁是由租赁公司按承租单位要求出资购买设备，在较长的合同期内提供给承租单位使用的融资信用业务，它是以融通资金为主要目的的租赁。融资租赁的主要特点是：①出租的设备由承租企业提出要求购买，或者由承租企业直接从制造商或销售商那里选定；②租赁期较长，接近于资产的有效使用期，在租赁期间双方无权取消合同；③由承租企业负责设备的维修、保养；④租赁期满，按事先约定的方法处理设备，包括退还租赁公司，或继续租赁，或企业留购。通常采用企业留购办法，即以很少的"名义价格"（相当于设备残值）买下设备。

（二）融资租赁的基本程序与形式

1．融资租赁的基本程序

（1）选择租赁公司，提出委托申请。当企业决定采用融资租赁方式以获取某项设备时，需要了解各个租赁公司的资信情况、融资条件和租赁费率等，分析比较选定一家作为出租单位，然后向租赁公司申请办理融资租赁。

（2）签订购货协议。由承租企业和租赁公司中的一方或双方，与选定的设备供应厂商进行购买设备的技术谈判和商务谈判，在此基础上与设备供应厂商签订购货协议。

（3）签订租赁合同。承租企业与租赁公司签订租赁设备的合同，如需要进口设备，还应办理设备进口手续。租赁合同是租赁业务的重要文件，具有法律效力。融资租赁合同的内容可分为一般条款和特殊条款两部分。

（4）交货验收。设备供应厂商将设备发运到指定地点，承租企业要办理验收手续。验收合格后签发交货及验收证书给租赁公司，作为其支付货款的依据。

（5）定期交付租金。承租企业按租赁合同规定，分期交纳租金，这也就是承租企业对所筹资金的分期还款。

（6）合同期满处理设备。承租企业根据合同约定，对设备续租、退租或留购。

2. 融资租赁的基本形式

（1）直接租赁。直接租赁是融资租赁的主要形式，承租方提出租赁申请时，出租方按照承租方的要求选购，然后再出租给承租方。

（2）售后回租。售后回租是指承租方由于急需资金等各种原因，将自己的资产售给出租方，然后以租赁的形式从出租方原封不动地租回资产的使用权。在这种租赁合同中，除资产所有者的名义改变之外，其余情况均无变化。

（3）杠杆租赁。杠杆租赁是指涉及承租人、出租人和资金出借人三方的融资租赁业务。一般来说，当所涉及的资产价值昂贵时，出租方自己只投入部分资金，通常为资产价值的20%~40%，其余资金则通过将该资产抵押担保的方式，向第三方（通常为银行）申请贷款解决。租赁公司随后将购进的设备出租给承租方，用收取的租金偿还贷款，该资产的所有权属于出租方。出租人既是债权人也是债务人，如果出租人不能按期偿还借款，资产所有权则转移给资金的出借者。

（三）融资租赁租金的计算

1. 租金的构成

融资租赁每期租金的多少，取决于以下三项因素：①设备原价及预计残值，包括设备买价、运输费、安装调试费、保险费等，以及该设备租赁期满后，出售可得的市价。②利息，指租赁公司为承租企业购置设备垫付资金所应支付的利息。③租赁手续费，指租赁公司承办租赁设备所发生的业务费用和必要的利润。

2. 租金的支付方式

租金的支付方式有以下三种分类方式：①按支付间隔期长短，分为年付、半年付、季付和月付等方式。②按期初和期末支付，分为先付和后付。③按每次支付额，分为等额支付和不等额支付。实务中，承租企业与租赁公司商定的租金支付方式，大多为后付等额年金。

3. 租金的计算

我国融资租赁实务中，租金的计算大多采用等额年金法。等额年金法下，通常要根据利率和租赁手续费率确定一个租费率，作为折现率。

（四）融资租赁的筹资特点

1. 在资金缺乏情况下，能迅速获得所需资产

融资租赁集"融资"与"融物"于一身，融资租赁使企业在资金短缺的情况下引进设备成为可能。特别是针对中小企业、新创企业而言，融资租赁是一条重要的融资途径。有时，大型企业对于大型设备、工具等固定资产，也需要融资租赁解决巨额资金的需要，如商业航空公司的飞机，大多是通过融资租赁取得的。

2. 财务风险小，财务优势明显

融资租赁与购买的一次性支出相比，能够避免一次性支付的负担，而且租金支出是未来的、分期的，企业无须一次筹集大量资金偿还。还款时，租金可以通过项目本身产生的收益来支付，是一种基于未来的"借鸡生蛋、卖蛋还钱"的筹资方式。

3. 融资租赁筹资的限制条件较少

企业运用股票、债券、长期借款等筹资方式，都受到相当多的资格条件的限制，如足够的抵押品、银行贷款的信用标准、发行债券的政府管制等。相比之下，租赁筹资的限制条件很少。

4. 租赁能延长资金融通的期限

通常为设备而贷款的借款期限比该资产的物理寿命要短得多，而租赁的融资期限却可接近其全部使用寿命期限，并且其金额随设备价款金额而定，无融资额度的限制。

5. 免遭设备陈旧过时的风险

随着科学技术的不断进步，设备陈旧过时的风险很高，而多数租赁协议规定此种风险由出租人承担，承租企业可免受这种风险。

6. 资本成本高

其租金通常比举借银行借款或发行债券所负担的利息高得多，租金总额通常要高于设备价值的30%。尽管与借款方式比，融资租赁能够避免到期一次性集中偿还的财务压力，但高额的固定租金也给各期的经营带来了分期的负担。

第三章 财务管理之投资管理

第一节 投资管理概述

企业投资是指企业对现在所有持有资金的一种运用，其目的是在未来一定时期内获得与风险相匹配的报酬。[①]

一、企业投资的不同分类

根据不同的标准，投资有不同的分类。企业投资主要有以下三种分类。

（一）长期投资与短期投资

按投资回收时间的长短，企业投资可分为短期投资与长期投资两类。

短期投资又称流动资产投资，是指能够并且也准备在 1 年以内收回的投资，主要指对货币资金、应收账款、存货、短期有价证券等的投资。

长期投资则是指 1 年以上才能收回的投资，主要是指对厂房、机器设备等固定资产、无形资产、长期有价证券的投资。

相对而言，长期投资的周期长、投资额较大、风险较高，对企业的未来发展往往会产生重大影响。

（二）直接投资与间接投资

按投资与企业生产经营的关系，企业投资可分为直接投资和间接投资两类。直接投资是指投资者将资本投入投资项目并直接参与企业经营，资金所有者和资金使用者是统一的。在非金融性企业中，直接投资所占比重很大。

间接投资是指投资者以其资本购买公司债券、金融债券或公司股票等各种有价证券，

---

① 李燕，张永刚. 企业财务管理 ［M］. 南京：东南大学出版社，2016：111.

以预期获取一定收益的投资，由于其投资形式主要是购买各种各样的有价证券，因此也被称为"证券投资"。资金所有者和资金使用者是分离的，投资者的目的只是为了取得其资本收益或保值。

（三）对内投资与对外投资

按投资方向，企业投资可分为对内投资和对外投资两类。

对内投资是指资金投向企业内部，形成各项流动资产、固定资产、无形资产和其他资产的投资。如果一个公司对内投资的现金流出量大幅度提高，往往意味着该公司正面临着新的发展机会或新的投资机会，公司股票的成长性一般会很好。如果一个公司对外投资的现金流出量大幅度提高，则说明该公司正常的经营活动没有能充分吸纳其现有的资金，而需要通过投资活动来寻找获利机会。

企业对外投资就是企业在其本身经营的主要业务以外，以现金、实物、无形资产方式，或者以购买股票、债券等有价证券方式向其他单位进行投资，以期在未来获得投资收益的经济行为。

对内投资都是直接投资，对外投资主要是间接投资，也可以是直接投资。对外投资主要是证券投资。

二、企业投资决策的一般程序

企业投资的成败关键在于能否在激烈竞争的市场环境下，把握有利时机，作出合理投资决策；一旦决策失误，就会严重影响企业的财务状况，甚至会造成破产清算。因此，企业应按一定的程序，运用科学的方法进行分析论证，以保证决策正确有效。

投资决策一般按以下程序进行：

第一，确定需要作出决策的目标。

第二，针对决策目标提出若干备选方案。

第三，进行市场调研，为每个备选方案收集尽可能多的决策相关资料（如政治、经济、法律、社会环境等）。

第四，根据可计量因素的资料，运用科学的理论和方法，对备选方案进行可行性分析比较。

第五，对非计量因素，分析考虑对投资方案的影响。

第六，确定最优方案，写可行性报告，请上级批准。

第七，由公司领导者作出决策，接受或拒绝投资或重新调研。

当投资方案确定后，应制订具体的投资计划并及时足额筹措资金以保证投资项目如期进行。整个实施过程中要做到事前、事中及事后的适时控制。在执行过程中如果发生重大变化，应具体问题具体分析，作出新的评价，以避免损失。投资项目结束后，还需进行事后审计，将投资项目的实际表现与原来的预期相对比，总结经验教训。

三、投资方案经济效益评价的基础——现金流量

现金流量是指投资项目从筹建、设计、施工、正式投资使用直至报废为止的投资项目的有效持续期内形成的现金流出及现金流入量。在长期投资决策中，不能按权责发生制计算出的年度会计利润，而应以收付实现制计算的年度现金流量作为评价项目经济效益高低的基础，原因有以下三点。

（一）会计利润不利于准确计算资金的时间价值

科学的投资决策必须认真考虑资金的时间价值，这就要求在决策时一定要弄清每笔预期收入和支出款项发生的具体时间，因为不同时期的资金具有不同的价值。传统的财务会计按权责发生制计算企业的收入和成本及利润，无法准确计算资金的时间价值，具体表现为：①购置固定资产或无形资产时付出大量现金不计入成本；②将固定资产、无形资产价值以折旧或折耗的形式逐期计入成本时，却又不需要付出现金；③计算利润时不考虑垫支的流动资金原数量和回收的时间；④销售行为一旦确定，无论当期是否收到现金均确认为当期的销售收入；⑤项目寿命终了时，以现金的形式回收的固定资产残值和垫支的流动资金在计算利润时也未反映。

（二）会计利润存在一定的主观随意性

由于国家的会计法律法规具有概括性、相对稳定性的特点，而企业的生产经营环境却在不断地发生变化，宏观的会计政策不可能具体地规范企业所有的会计处理。在会计实务中，同一会计事项在不同企业也存在规模、数量和环境上的差异，不同规模和类型的企业，对同一会计事项要求揭示信息的程度也是不一样的，因此现行会计制度对同一经济业务允许采用的会计处理方法存在多种选择，如存货估价、费用摊销、折旧及各种减值准备等。这就导致计算出的会计利润有一定的主观随意性，不同的会计可能计算出不同的会计利润。

（三）项目可否持续取决于是否有足够的现金

由于投资对象、投资内容不同，有的投资项目可以计算利润，有的则不容易计算出利

润，需要以项目的节约额作为投资所得。而且一个企业即使能算出利润，但由于利润是按权责发生制计算出来的，可能某一年度利润为正且较高，但却不能及时收回资金，远水解不了近渴，没有足够的资金去购买原料或支付生产费用，项目仍然无法持续下去。

综上所述，现金流量可弥补上述会计利润所存在的缺陷，采用现金流量作为投资决策的基础，相比而言更为合适。

第二节　项目投资管理

一、项目投资概述

投资是指公司投入财力，以期在未来获取收益的一种行为。在市场经济条件下，公司能否把筹集到的资金投放到收益高、回收快、风险小的项目上去，对公司的生存和发展是十分重要的。

（一）项目投资定义与特点

1. 项目投资的定义理解

项目投资是以特定项目为对象，直接与新建项目或者更新改造项目有关的长期投资行为。新建项目是以新建生产能力为目的的外延式扩大再生产；更新改造项目是以恢复和改善生产能力为目的的内涵式扩大再生产。项目投资是对企业内部生产经营所需要的各种资产的投资，其目的是为保证企业生产经营过程的连续和生产经营规模的扩大。在企业的整个投资中，项目投资具有十分重要的地位。它不但数额大、投资面广，而且对企业的稳定与发展、未来盈利能力、长期偿债能力都有着重大影响。

2. 项目投资的主要特点

项目投资是对企业内部各种生产经营资产的长期投资。项目投资具有以下四个特点。

（1）投资风险大。由于项目投资数额大、作用时间长和变现能力差，必然造成投资风险大，对企业的经营和发展都有决定性影响，必须认真进行可行性研究，一旦失误会给企业带来巨大损失。

（2）影响时间长。作为长期投资的项目投资发挥作用的时间较长，几年、十几年甚至几十年才能收回投资。因此，项目投资对企业未来的生产经营活动和长期经济效益将产生重大影响，其投资决策的成败对企业未来的命运将产生决定性作用。

（3）不经常发生。与企业的短期投资和长期性金融投资相比，企业内部项目投资的发生次数不太频繁，特别是大规模的具有战略投资意义的扩大生产能力投资，一般要几年甚至十几年才发生一次，这就要求企业财务管理人员对此进行慎之又慎的可行性研究。

（4）变现能力差。作为长期投资的项目投资，不仅不准备在 1 年或超过 1 年的一个营业周期内变现，而且在 1 年或超过 1 年的一个营业周期内变现的能力也很差。因为项目投资一旦完成，要想改变是非常困难的，不是无法实现，就是代价太大。

（二）项目投资的基本程序

1. 投资项目的提出

公司的各级领导都可提出新的投资项目。一般而言，公司的高层领导提出的投资项目，多数是大规模的战略性投资，其方案一般由生产、市场、财务等各方面专家组成的专门小组制定。中层或基层人员提出的，主要是战术性投资项目，其方案由主管部门组织人员拟订。

2. 投资项目的评价

投资项目的评价主要涉及四项工作：一是把提出的投资项目进行分类，为分析评价做好准备；二是计算有关项目的预计收入和成本，预测投资项目的现金流量；三是运用各种投资评价指标，把各项投资按优劣顺序排队；四是写出评价报告，请上级批准。

3. 投资项目的决策

投资项目的评价完成后，公司领导者作出最后决策。对于投资额较小的项目，有时中层经理就有决策权；对于投资额特别大的投资项目，要由董事会甚至股东大会投票表决。不管由谁最后决策，其结果一般可分为三种：一是接受这个项目，可以进行投资；二是拒绝这个项目，不能进行投资；三是返回给项目的提出部门，重新调查后再进行处理。

4. 投资项目的执行

决定对某项目进行投资后，要积极筹措资金实施投资。在投资项目的执行过程中，要对工程进度、工程质量、施工成本进行控制，以便使投资项目按预算规定保质如期完成。

在投资项目的执行过程中，应注意原来作出的决策是否合理正确。一旦出现新情况，就要随时根据变化的情况作出新的评价。如果情况发生重大变化，原来的投资决策已变得不合理，那么就要对投资决策是否中途停止作出决策，以避免造成更大的损失。

（三）项目投资的意义体现

从宏观角度来看，项目投资具有两方面的积极意义：一方面项目投资是实现社会资本积累功能的主要途径，也是扩大社会再生产的重要手段，有助于促进社会经济的长期可持续发展；另一方面增加项目投资，能够为社会提供更多的就业机会，提高社会总供给量，不仅可以满足社会需求的不断增长，而且会最终拉动社会消费的增长。

从微观角度来看，项目投资有三个方面的积极意义：首先，增强投资者经济实力。投资者通过项目投资，能够扩大其资本积累规模，提高其收益能力，增强其抵御风险的能力。其次，提高投资者创新能力。投资者通过自主研发或购买知识产权，结合投资项目的实施，实现科技成果的商品化和产业化，不但可以不断地获得技术创新，而且能够为科技转化为生产力提供更好的业务操作平台。最后，提升投资者市场竞争能力。市场竞争不仅是人才的竞争、产品的竞争，而且从根本上说是投资项目的竞争。不具备核心竞争能力的投资项目，是注定要失败的。无论是投资实践的成功经验还是失败的教训，都有助于促进投资者自觉按市场规律办事，不断提升其市场竞争能力。

二、项目投资的决策评价指标

所谓"项目投资决策指标"，是衡量和比较投资项目可行性并据以进行方案决策的定量化标准与尺度，是由一系列综合反映投资效益、投入与产出关系的量化指标构成的。

项目投资决策评价指标根据是否考虑货币的时间价值，分为贴现指标和非贴现指标。

（一）非贴现指标

非贴现指标也称"静态指标"，是指不考虑货币时间价值的评价指标，具体包括投资报酬率和投资回收期。

1. 投资报酬率

投资报酬率，也称"平均报酬率"，是指项目投资方案的年平均利润额占原始投资总额的百分比，用以反映单位投资每年获得的报酬。投资报酬率的决策标准是：投资项目的投资报酬率越高越好，低于无风险投资报酬率的方案为不可行方案。

投资报酬率的优点是简明、易算、易懂。其主要缺点是没有考虑资金的时间价值，并且没有完整地反映现金流量（没有考虑折旧回收），所以，有时会作出错误的决策。

2. 投资回收期

投资回收期是指回收某项目投资所需要的时间（通常为年数），是根据重新回收某项投资金额所需要的时间来判断该项投资方案是否可行的方法。投资回收期的决策标准是：回收期越短，表明项目所冒风险程度越小，投资方案越有利；反之，投资回收期长，风险越大，投资方案越不利。

投资回收期评价指标的优点是概念容易理解，计算也比较简便，但这一指标没有考虑货币的时间价值，没有考虑回收期满后的现金流量状况。

（二）贴现指标

与非贴现现金流量指标不同，贴现现金流量指标是在充分考虑资金时间价值的基础上，对方案的优劣取舍进行判断。贴现现金流量指标主要有：净现值、现值指数、净现值率和内含报酬率。

1. 净现值

净现值（NPV），是指在项目计算期内，按照一定的贴现率计算的各年营业现金流量的现值与原始投资额的现值之间的差额。所用的贴现率可以是企业的资本成本，也可以是企业所要求的最低报酬率水平。

一般来说，如果净现值为正值，表明投资报酬率高于资金成本，该项投资方案是可行的。如果净现值为零或负值，表明投资报酬率等于或低于资金成本，表明该投资方案不可行。在选择互斥的决策中，则选净现值大于 0 且金额最大的为最优方案。

在进行固定资产投资决策时，净现值法考虑了资金时间价值，能够反映各种投资方案的净收益，方法也比较简单，在制定固定资产投资决策时，通常运用净现值法进行决策，它是国际上流行的一种决策方法。但是，这一指标在应用中的主要难点是如何确定贴现率。在项目评价中，正确地选择贴现率非常关键，它直接影响到项目评价的结论。如果选择的贴现率过低，会导致一些经济效益较差的项目得以通过，从而浪费了有限的资源；如果选择的贴现率过高，会导致一些效益较好的项目不能通过，从而使有限的资源不能充分发挥作用。在实务中，一般以投资项目的资本成本、资本的机会成本或社会资金平均收益率作为贴现率。

2. 现值指数

现值指数（PI），也叫"获利指数"，指的是在方案的整个实施运行过程中，未来现金净流入量的现值之和与原始投资现值之间的比值。

3. 净现值率

净现值率（NPVR），是指投资项目的净现值与原始投资额现值的比值。净现值是一个绝对数指标，净现值率即是与其相对应的相对数指标。

一般来说，对相互独立的备选方案进行决策时，如果净现值率大于 0，则方案可行；如果净现值率小于 0，则方案不可行。对相互排斥的备选方案进行决策时，如果有两个或两个以上方案的净现值率都大于 0，应选择净现值率最大的方案。

4. 内含报酬率

内含报酬率（IRR）反映的是方案本身实际达到的报酬率，它是在整个方案的实施运行过程中，能够使未来现金流入现值等于现金流出现值的贴现率，即能够使得项目的净现值为 0 时的报酬率。

内含报酬率的计算比较复杂，通常根据未来现金流量的情况，可以采用以下两种方法：

第一种，未来期内各年现金净流量相等，初始投资在建设期一次投入，可以用年金现值的方法计算：首先，计算年金现值系数；然后，查阅年金现值系数表，在相同的期数内，找出与上述年金现值系数相同的贴现率，或相近的较大和较小的两个贴现率；最后，根据上述两个相邻近的贴现率和年金现值系数，采用插值法计算该方案的内含报酬率。

第二种，未来期内各年现金净流量不相等，内含报酬率的计算通常采用"逐年测试法"：首先，按估计的贴现率计算方案的净现值；然后，估计内含报酬率的可能区间。由于内部报酬率是净现值等于 0 时的贴现率，而 0 介于正负之间。因此，若第一步计算的净现值大于 0，则表示估计的贴现率小于项目的实际内含报酬率，应提高贴现率后进一步测算；若第一步计算的净现值小于 0，则表示估计的贴现率大于该项目的实际内含报酬率，应降低贴现率后进一步测算。经过反复测算，直至找出净现值由正到负或由负到正的两个贴现率。最后，根据上述两个临近的贴现率，采用插值法计算内含报酬率。

利用内含报酬率选择投资项目的基本原则是：若 IRR 大于项目的资本成本率或投资最低收益率，接受该项目；反之则放弃。在有多个互斥项目的选择中，选用 IRR 最大的投资项目。

5. 贴现评价指标的比较

投资回收期和投资报酬率均不考虑货币的时间价值，在评价投资方案是否可行时，只能作为辅助的指标，不能作为主要的评价标准。那么，作为贴现指标的净现值、获利指数和内含报酬率之间具有怎样的关系？在评价方案是否可行时，会不会产生结果不一致的情况呢？

通常情况下，净现值 NPV、获利指数 PI 和内含报酬率 IRR 指标之间存在以下的数量关系：

当 NPV>0 时，PI>1，IRR>i（i 为投资最低收益率）

当 NPV=0 时，PI=1，IRR=i

当 NPV<0 时，PI<1，IRR<i

运用这些指标在进行评估独立项目时，一般能够作出一致结论。但是，对于互斥项目，按不同的标准，有时会得出不同的结论。当投资规模不同或现金流量产生的时间不同时，净现值法与内含报酬率法有时会发生差异；当初始投资额不同时，净现值和获利指数之间也会得出不一样的结论。但是，由于净现值不仅考虑了项目寿命周期内的全部现金流量，而且考虑了资本成本或投资者要求的报酬率，将不同时点上的现金流量调整为同一时点进行比较，更为重要的是，净现值代表了给公司带来的财富，最高的净现值符合企业的最大利益，这与企业的目标是一致的。所以，在评估互斥项目时，应以净现值为基准。

三、项目投资的决策方法应用

（一）固定资产更新

固定资产更新是对技术上或经济上不宜继续使用的旧资产，用新的资产更换，或用先进的技术对原有设备进行局部改造。固定资产更新决策的关键在于比较新、旧固定资产的成本与收益，通常采用净现值指标作为投资决策的指标。

通常情况下，如果新旧设备未来使用寿命相等，可以采用差额分析法来计算一个方案比另一个方案增减的现金流量；如果新旧设备的投资寿命期不相等，则分析时主要采用平均年成本法，以年成本法较低的方案作为较优方案。

1. 新旧设备使用寿命相等的情况

新旧设备使用寿命相等的情况下，采用差额分析法计算两个方案（出售旧设备购置新设备和继续使用旧设备）的现金流量之差以及净现值差额，如果净现值差额大于 0，则购置新设备，否则继续使用旧设备。

差额分析法的步骤如下：①分别计算初始投资与折旧的现金流量的差量；②计算各年营业现金流量的差量；③计算两个方案各年现金流量的差量；④计算净现值的差量。

若更新后，即第四步计算的数大于 0，则应进行更新。

2. 新旧设备使用寿命不相等的情况

多数情况下，新设备的使用年限要长于旧设备，此时的固定资产更新问题就变为两个或两个以上使用寿命不同的投资项目的选择问题。

对于不同的项目，不能对它们的净现值、内部报酬率和获利指数进行直接比较。为了使投资项目的各项指标具有可比性，此时可采用平均年成本法进行评价。

固定资产的平均年成本法，是指该资产引起的现金净流量的年平均值。如果不考虑货币的时间价值，它是未来使用年限内的现金流出总额与使用年限的比值；如果考虑货币的时间价值，它是未来使用年限内现金流出总现值与年金现值系数的比值，即平均每年的现金流出。

（二）资本限量

固定资产投资决策没有考虑企业的资本约束。对于任何一个企业来说，资金都有一定限度，不可能接受所有可行性项目，资本限量决策是指企业在资本限定的情况下，如何通过投资项目的组合来获得最大收益的决策，是固定资产投资的一种常见决策形式。

资本限量决策的步骤是：

第一，先计算出所有方案的 NPV 值及 PI 值。

第二，选择 NPV≥0 或 PI≥1 的方案为备选方案。

第三，在资本限量内对各种备选方案进行组合，计算出各种组合的净现值或获利指数。

第四，接受净现值或获利指数最大的投资组合。

第三节 证券投资管理

一、证券投资的基础知识

企业除了直接将资金投入生产经营活动进行直接投资外，通常还将资金投放于有价证券进行证券投资。证券投资相对于项目投资而言，变现能力强，少量资金也能参与投资，便于随时调用和转移资金，这为企业有效利用资金、充分挖掘资金的潜力提供了十分理想的途径。因此，证券投资已成为企业投资的重要组成部分。

（一）证券投资的特点

证券是指具有一定票面金额，代表财产所有权和债权，可有偿转让的凭证，如股票、债券等。证券具有流动性、收益性和风险性三个特点。

第一，流动性。流动性又称为"变现性"，是指证券可以随时抛售取得现金。

第二，收益性。收益性是指证券持有者凭借证券可以获得相应的报酬。证券收益一般由当前收益和资本利得构成。以股息、红利或利息所表示的收益，称为"当前收益"。由证券价格上升（或下降）而产生的收益（或亏损），称为"资本利得"或"差价收益"。

第三，风险性。风险性是指证券投资者达不到预期的收益或遭受各种损失的可能性。证券投资既有可能获得收益，也有可能带来损失，具有很强的不确定性。

流动性与收益性往往成反比，而风险性则一般与收益性成正比。

（二）证券投资的目的

证券投资是指企业为获取投资收益或特定经营目的而买卖有价证券的一种投资行为。不同企业进行证券投资的目的各有侧重，但总的来说有以下五个方面。

第一，充分利用闲置资金，获取投资收益。企业正常经营过程中有时会有一些暂时多余的资金闲置，为了充分、有效地利用这些资金，可购入一些有价证券，在价位较高时抛售，以获取较高的投资收益。

第二，为了控制相关企业，增强企业竞争能力。企业有时从经营战略上考虑需要控制某些相关企业，可通过购买该企业大量股票，从而取得对被投资企业的控制权，以增强企业的竞争能力。

第三，为了积累发展基金或偿债基金，满足未来的财务需求。企业如欲在将来扩建厂房或归还到期债务，可按期拨出一定数额的资金投入一些风险较小的证券，以便到时售出，满足所需的整笔资金的需求。

第四，满足季节性经营对现金的需求。季节性经营的公司在某些月份资金有余，而有些月份则会出现短缺。可在资金剩余时，购入有价证券；短缺时，则售出。

第五，获得对相关企业的控制权。如果某些企业从战略上考虑要控制另外一些企业，可通过股票投资实现。例如，一家汽车制造企业欲控制一家钢铁公司以便获得稳定的材料供应，这时便可动用一定资金来购买这家钢铁企业的股票，直到其所拥有的股权能控制这家钢铁企业为止。

（三）证券与证券投资的种类

要了解证券投资的种类，首先要了解证券的种类。

1. 证券的种类

按证券体现的权益关系，可分为所有权证券、信托投资证券和债权证券。所有权证券是一种既不定期支付利息，也无固定偿还期的证券，它代表着投资者在被投资企业所占权益的份额，在被投资企业盈利且宣布发放股利的情况下，才可能分享被投资企业的部分净收益，股票是典型的所有权证券；信托投资证券是由公众投资者共同筹集、委托专门的证券投资机构投资于各种证券，以获取收益的股份或收益凭证，如投资基金；债权证券是一种必须定期支付利息，并要按期偿还本金的有价证券，各种债券如国库券、企业债券、金融债券都是债权性证券。所有权证券的投资风险要大于债权性证券；投资基金的风险低于股票投资而高于债券投资。

按证券收益状况，可分为固定收益证券和变动收益证券。固定收益证券是指在证券票面上规定有固定收益率，投资者可定期获得稳定收益的证券，如优先股股票、债券等；变动收益证券是指证券票面无固定收益率，其收益情况随企业经营状况而变动的证券。变动收益证券风险大，投资报酬也相对较高；固定收益证券风险低，投资报酬也相对较低。

按证券发行主体，可分为政府证券、金融证券和公司证券三种。政府证券是指中央或地方政府为筹集资金而发行的证券，如国库券等；金融证券是指银行或其他金融机构为筹集资金而发行的证券；公司证券又称"企业证券"，是工商企业发行的证券。

按证券到期日的长短，可分为短期证券和长期证券。短期证券是指 1 年内到期的有价证券，如银行承兑汇票、商业本票、短期融资券等；长期证券是指到期日在 1 年以上的有价证券，如股票、债券等。

2. 证券投资的种类

（1）债券投资。债券投资是指企业将资金投入各种债券，如国债、公司债和短期融资券等。相比于股票投资，债券投资一般风险较小，能获得稳定收益，但要注意投资对象的信用等级。

（2）股票投资。股票投资是指企业购买其他企业发行的股票作为投资，如普通股、优先股股票。股票投资风险较大，收益也相对较高。

（3）组合投资。组合投资是指企业将资金同时投放于债券、股票等多种证券。这样可分散证券投资风险，组合投资是企业证券投资的常用投资方式。

二、对证券投资收益水平的评价

企业要进行证券投资，首先必须进行证券投资的收益评价，评价证券收益水平主要有两个指标，即证券的价值和收益率。企业是否应该进行证券投资，应投资于何种证券，只有在对证券投资的风险和收益率进行分析后才能作出决策。因此，研究风险和收益率的关系是证券投资决策中非常重要的问题之一。

（一）证券投资风险的主要来源

进行证券投资，必然要承担一定风险，这是证券投资的基本特征之一。证券投资风险主要来源于以下五个方面。

一是违约风险。证券发行人无法按期支付利息或偿还本金的风险，称为"违约风险"。一般而言，政府发行的证券违约风险小，金融机构发行的证券违约风险次之，而工商企业发行的证券违约风险就较大。造成违约的原因有以下五个方面：①政治、经济形势发生重大变化；②发生自然灾害，如水灾、火灾等；③企业经营管理不善，成本高，浪费大；④企业在市场竞争中失败，主要顾客群流失；⑤企业财务管理失误，不能及时清偿到期债务。

二是利息率风险。由于利息率的变动而引起证券价格波动，致使投资人遭受损失的风险，称为"利息率风险"。证券的价格将随利息率的变动而变动。一般而言，银行利率下降，则证券价格上升；银行利率上升，则证券价格下跌。不同期限的证券，利息率风险不一样，期限越长，风险越大。

三是购买力风险。由于通货膨胀而使证券到期或出售时所获得的货币资金的购买力下降的风险，称为"购买力风险"。在通货膨胀时期，购买力风险对投资者有重要影响。一般而言，随着通货膨胀的发生，变动收益证券比固定收益证券要好。因此，普通股票被认为比公司债券和其他有固定收入的证券能更好地避免购买力风险。

四是流动性风险。在投资人想出售有价证券获取现金时，证券不能立即出售的风险，称为"流动性风险"。一种能在较短期内按市价大量出售的资产，是流动性较高的资产，这种资产的流动性风险较小；反之，如果一种资产不能在短时间内按市价大量出售，则属于流动性较低的资产，这种资产的流动性风险较大。例如，购买小公司的债券，想立即出售比较困难，因而流动性风险较大，但若购买国库券，几乎可以立即出售，则其流动性风险较小。

五是期限性风险。由于证券期限长而给投资人带来的风险，称为"期限性风险"。一项投资到期日越长，投资人面临的不确定因素就越多，承担的风险也越大。例如，同一家企业发行的 10 年期债券就比 1 年期债券的风险大，这便是证券的期限性风险。

（二）债券的收益率分析

1. 债券收益的来源及其决定因素

投资债券的目的是到期收回本金的同时得到固定的利息。债券的投资收益包含两方面：一是债券的年利息收入，这是债券发行时就决定的。一般情况下，债券利息收入不会改变，投资者在购买债券前就可得知。二是资本利得，是指债券买入价与卖出价或偿还额之间的差额。当债券卖出价大于买入价时，为资本收益；当卖出价小于买入价时，为资本损失。由于债券买卖价格受市场利率和供求关系等因素的影响，资本利得很难在投资前准确预测。

衡量债券收益水平的尺度为债券收益率，即在一定时期内所得收益与投入本金的比率。为便于比较，债券收益一般以年率为计算单位。

决定债券收益率的主要因素有债券的票面利率、期限、面值、持有时间、购买价格及出售价格。这些因素中只要有一个因素发生了变化，债券收益率也会随之发生变化。另外，债券的可赎回条款、税收待遇、流动性及违约风险等属性，也会不同程度地影响债券的收益率。

2. 债券收益率的计算

（1）短期债券收益率的计算。

短期债券由于期限较短，一般不用考虑货币时间价值因素，只需考虑债券价差及利息，将其与投资额相比，即可求出短期债券收益率。其基本计算公式为：

$$K = \frac{S_1 - S_0 + I}{S_0}$$

式中，S_0 为债券购买价格；S_1 为债券出售价格；I 为债券利息；K 为债券投资收益率。

（2）长期债券收益率的计算。

对于长期债券，由于涉及时间较长，需要考虑货币时间价值，其投资收益率一般是指购进债券后一直持有至到期日可获得的收益率。它是使债券利息的年金现值和债券到期收回本金的复利现值之和等于债券购买价格时的贴现率。

一般债券的价值模型为：

$$V = I \times (P/A, K, n) + F \times (P/F, K, n)$$

式中，V 为债券的购买价格；I 为每年获得的固定利息；F 为债券到期收回的本金或中途出售收回的资金；K 为债券的投资收益率；n 为投资期限。

由于无法直接计算收益率，必须采用逐步测试法及内插法来计算，即先设定一个贴现率代入上式，如计算出的 V 正好等于债券买价，该贴现率即为收益率；如计算出的 V 与债券买价不等，则须继续测试，再用内插法求出收益率。

债券的收益率是进行债券投资时选购债券的重要标准。它可反映债券投资按复利计算的实际收益率。如果债券的收益率高于投资人要求的必要报酬率，则可购进债券；否则，就应放弃此项投资。

3. 债券投资的优缺点

（1）债券投资的优点：①投资收益稳定。进行债券投资一般可按时获得固定的利息收入，收益稳定。②投资风险较低。相对于股票投资而言，债券投资风险较低。政府债券有国家财力作后盾，通常被视为无风险证券。而企业破产时，企业债券的持有人对企业的剩余财产有优先求偿权，因而风险较低。③流动性强。大企业及政府债券很容易在金融市场上迅速出售，流动性较强。

（2）债券投资的缺点：①无经营管理权。债券投资者只能定期取得利息，无权影响或控制被投资企业。②购买力风险较大。由于债券面值和利率是固定的，如投资期间通货膨胀率较高，债券面值和利息的实际购买力就会降低。

（三）股票投资的收益评价

股票的价值又称股票的"内在价值"，是指进行股票投资所获得的现金流入的现值。股票带给投资者的现金流入包括两部分：股利收入和股票出售时的资本利得。因此，股票的内在价值由一系列的股利和将来出售股票时售价的现值所构成。通常当股票的市场价格低于股票内在价值才适宜投资。

1. 股票投资收益率的计算

（1）短期股票收益率的计算。

如果企业购买的股票在一年内出售，其投资收益主要包括股票投资价差及股利两部分，不需考虑货币时间价值，其收益率计算公式为：

$$K = \frac{(S_1 - S_0 + D)}{S_0} \times 100\%$$

$$= \frac{S_1 - S_0}{S_0} + \frac{D}{S_0}$$

$$= 预期资本利得收益率 + 股利收益率$$

式中，K 为短期股票收益率；S_1 为股票出售价格；S_0 为股票购买价格；D 为股利。

（2）股票长期持有，股利固定增长的收益率的计算。

由固定增长股利价值模型，已知

$$V = \frac{D_0 \times (1 + g)}{K - g}$$

将公式移项整理，求 K ，可得到股利固定增长收益率的计算模型为：

$$K = \frac{D_1}{V} + g$$

（3）一般情况下股票投资收益率的计算。

一般情况下，企业进行股票投资可取得股利，股票出售时也可收回一定资金。只是股利不同于债券利息，股利是经常变动的。股票投资的收益率是使各期股利及股票售价的复利现值等于股票买价时的贴现率，表示为：

$$V = \sum_{t=1}^{n} \frac{D_t}{(1 + K)^t} + \frac{F}{(1 + K)^n}$$

式中，V 为股票的买价；D_t 为第 t 期的股利；K 为投资收益率；F 为股票出售价格；n 为持有股票的期数。

2. 股票投资的优缺点

（1）股票投资的优点：①投资收益高。股票投资风险大，收益也高，只要选择得当，就能取得优厚的投资收益。②购买力风险低。与固定收益的债券相比，普通股能有效地降低购买力风险。因为通货膨胀率较高时，物价普遍上涨，股份公司盈利增加，股利也会随之增加。③拥有经营控制权。普通股股票的投资者是被投资企业的股东，拥有一定的经营控制权。

（2）股票投资的缺点：①收入不稳定。普通股股利的有无、多少需视被投资企业经营状况而定，很不稳定。②价格不稳定。股票价格受众多因素影响，极不稳定。③求偿权居后。企业破产时，普通股投资者对被投资企业的资产求偿权居于最后，其投资有可能得不到全额补偿。

三、证券投资风险与投资组合

（一）证券投资风险的类型

风险性是证券投资的基本特征之一。在证券投资活动中，投资者买卖证券是希望获取预期的收益。在投资者持有证券期间，各种因素的影响可能使预期收益减少甚至使本金遭受损失；持有期间越长，各种因素产生影响的可能性越大。与证券投资活动相关的所有风，统称"总风险"。总风险按是否可通过投资组合加以回避及消除，可分为系统性风险和非系统性风险。

1. 系统性风险

系统性风险是指由于政治、经济及社会环境的变动而影响证券市场上所有证券的风险。这类风险的共同特点是：其影响不是作用于某一种证券，而是对整个证券市场发生作用，导致证券市场上所有证券出现风险。由于系统性风险对所有证券的投资总是存在的，并且无法通过投资多样化的方法加以分散、回避与消除，故称"不可分散风险"它包括市场风险、利率风险、购买力风险等。

（1）市场风险。

市场风险是指由有价证券的"空头"和"多头"等市场因素所引起的证券投资收益变动的可能性。

空头市场即熊市，是证券市场价格指数从某个较高点（波峰）下降开始，一直呈下降趋势至某一较低点（波谷）结束。多头市场即牛市，是证券市场价格指数从某一个较低点开始上升，一直呈上升趋势至某个较高点并开始下降时结束。从这一点开始，证券市场又进入空头市场。多头市场和空头市场的这种交替，导致市场证券投资收益发生变动，进而引起市场风险。多头市场的上升和空头市场的下跌都是就市场的总趋势而言，显然，市场风险是无法回避的。

（2）利率风险。

利率风险是指由于市场利率变动引起证券投资收益变动的可能性。

因为市场利率与证券价格具有负相关性，即当利率下降时，证券价格上升；当利率上升时，证券价格下降。由于市场利率变动引起证券价格变动，进而引起证券投资收益变动，这就是利率风险。市场利率的波动是基于市场资金供求状况与基准利率水平的波动。不同经济发展阶段市场资金供求状况不同，中央银行根据宏观金融调控的要求调节基准利率水平，当中央银行调整利率时，各种金融资产的利率和价格必然作出灵敏的市场反应。因此，利率风险是无法回避的。

（3）购买力风险。

购买力风险又称为"通货膨胀风险"，是指由于通货膨胀所引起的投资者实际收益水平下降的风险。

由于通货膨胀必然引起企业制造成本、管理成本、融资成本的提高，当企业无法通过涨价或内部消化加以弥补时，就会导致企业经营状况与财务状况的恶化，投资者因此会丧失对股票投资的信心，股市价格随之跌落。一旦投资者对通货膨胀的未来态势产生持久的不良预期时，股价暴跌风潮也就无法制止。世界证券市场发展的历史经验表明，恶性通货膨胀是引发证券市场混乱的祸根。

此外，通货膨胀还会引起投资者本金与收益的贬值，使投资者货币收入增加却并不一定真的获利。通货膨胀是一种常见的经济现象，它的存在必然使投资者承担购买力风险，而且这种风险不会因为投资者退出证券市场就可以避免。

2. 非系统性风险

非系统性风险是指由于市场、行业以及企业本身等因素影响个别企业证券的风险。它是由单一因素造成的只影响某一证券收益的风险，属个别风险，能够通过投资多样化来抵消，又称为"可分散风险"或"公司特别风险"。它包括行业风险、企业经营风险、企业违约风险等。

（1）行业风险。行业风险是指由证券发行企业所处的行业特征所引起的该证券投资收益变动的可能性。有些行业本身包含较多的不确定因素，如高新技术行业，而有些行业则包含较少的不确定因素，如电力、煤气等公用事业。

（2）经营风险。经营风险是指由于经营不善导致竞争失败，企业业绩下降而使投资者无法获取预期收益或者亏损的可能性。

（3）违约风险。违约风险是指企业不能按照证券发行契约或发行承诺支付投资者债息、股息、红利及偿还债券本金而使投资者遭受损失的风险。

（二）单一证券投资风险的衡量

衡量单一证券的投资风险对于证券投资者具有极为重要的意义。它是投资者选择合适投资对象的基本出发点。投资者在选择投资对象时，如果各种证券具有相同的期望收益率，显然会倾向于风险低的证券。

单一证券投资风险的衡量一般包括算术平均法和概率测定法两种。

1. 算术平均法

算术平均法是最早产生的单一证券投资风险的测定方法。其计算公式为：

$$平均价差率 = \frac{\sum_{i=1}^{n} 各期价差率}{n}$$

其中，各期价差率＝（该时期最高价–最低价）÷（该时期最高价+最低价）÷2；n 为计算时期数。

如果将风险理解为证券价格可能的波动，平均价差率则是一个衡量证券投资风险的较好指标。证券投资决策可根据平均价差率的大小来判断该证券的风险大小。平均价差率大的，其证券风险也大；平均价差率小的，其证券风险则较小。

利用算术平均法对证券投资风险的测定，其优点是简单明了，但其测定范围有限，着重于过去的证券价格波动，风险所包含的内容过于狭窄，因此，其不能准确地反映该证券投资未来风险的可能趋势。

2. 概率测定法

概率测定法是衡量单一证券投资风险的主要方法，它依据概率分析原理，计算各种可能收益的标准差与标准离差率，以反映相应证券投资的风险程度。

（1）标准差。

判断实际可能的收益率与期望收益率的偏离程度，一般可采用标准差指标。其计算公式为：

$$\sigma = \sqrt{\sum_{i=1}^{n}(K_i - \bar{K})^2 P_i}$$

式中，$\bar{K}$ 为期望收益率（$\sum_{i=1}^{n}(K_i P_i)$）；K_i 为第 i 种可能结果的收益率；P_i 为第 i 种可能结果的概率；n 为可能结果的个数；σ 为标准差。

一般来说，标准差越大，说明实际可能的结果与期望收益率偏离越大，实际收益率不稳定，因而该证券投资的风险大；标准差越小，说明实际可能的结果与期望收益率偏离越小，实际收益率比较稳定，因而该证券投资的风险较小。但标准差只能用来比较期望收益率相同的证券投资风险程度，而不能用来比较期望收益率不同的证券投资的风险程度。

（2）标准离差率。

标准离差率又称"标准差系数"，可用来比较不同期望收益率的证券投资风险程度。其计算公式为：

$$q = \sigma \div \bar{K} \times 100\%$$

标准差系数是通过标准差与期望收益率的对比，以消除期望收益率水平高低的影响，可比较不同收益率水平的证券投资风险程度的大小。一般来说，标准差系数越小，说明该证券投资风险程度相对较低；反之亦反。

（三）证券投资组合

前已述及，证券投资充满了各种各样的风险，为了规避风险，可采用证券投资组合的方式，即投资者在进行证券投资时，不是将所有的资金都投向单一的某种证券，而是有选择地投向多种证券，这种做法称为证券的"投资组合"或者"投资的多样化"。

1. 证券投资组合的策略与方法

（1）证券投资组合的策略。

冒险型策略：这种策略认为，只要投资组合科学而有效，就能取得远远高于平均收益水平的收益，这种组合主要选择高风险、高收益的成长性股票，对于低风险、低收益的股票则不屑一顾。

保守型策略：这种策略是指购买尽可能多的证券，以便分散掉全部可分散风险，得到市场的平均收益。这种投资组合的优点如下：①能分散掉全部可分散风险。②不需要高深的证券投资专业知识。③证券投资管理费较低。这种策略收益不高，风险也不大，故称"保守型策略"。

适中型策略：这种策略介于保守型与冒险型策略之间，采用这种策略的投资者一般都善于对证券进行分析。通过分析，选择高质量的股票或债券组成投资组合。他们认为，股票价格是由企业经营业绩决定的，市场上价格一时的沉浮并不重要。这种投资策略风险不太大，收益却比较高，但进行这种组合的人必须具备丰富的投资经验及进行证券投资的各种专业知识。

（2）证券投资组合的方法。

第一，选择足够数量的证券进行组合。当证券数量增加时，可分散风险会逐步减少，当数量足够时，大部分可分散风险都能被分散掉。

第二，把不同风险程度的证券组合在一起，即三分之一资金投资于风险大的证券，三分之一资金投资于风险中等的证券，三分之一资金投资于风险小的证券。这种组合法虽不会获得太高的收益，但也不会承担太大的风险。

第三，把投资收益呈负相关的证券放在一起组合。负相关股票是指一种股票的收益上升而另一种股票的收益下降的两种股票，把收益呈负相关的股票组合在一起，能有效分散风险。

2. 证券组合投资的期望收益率

证券组合投资的期望收益率为：

$$\overline{K_{\mathrm{p}}} = \sum_{i=1}^{n} K_i W_i P_i = \sum_{i=1}^{n} \overline{K_i} W_i$$

式中，$\overline{K_{\mathrm{p}}}$ 为证券组合投资的期望收益率；$\overline{K_i}$ 为第 i 种证券的期望收益率；W_i 为第 i 种证券价值占证券组合投资总价值的比重；n 为证券组合中的证券数。

3. 证券组合投资的风险

证券组合投资的期望收益率可由各个证券期望收益率的加权平均而得，但证券组合投资的风险并不是各个证券标准差的加权平均数，表示为：

$$\sigma_p \neq \sum_{i=1}^{n} \sigma_i W_i$$

证券投资组合理论研究表明，理想的证券组合投资的风险一般要小于单独投资某一证券的风险，通过证券投资组合可规避各证券本身的非系统性风险。

4. 系统性风险的衡量

前已述及，系统性风险是由于政治、经济及社会环境的变动影响整个证券市场上所有证券价格变动的风险。它使证券市场平均收益水平发生变化。但是，每一种具体证券受系统性风险的影响程度并不相同。β值就是用来测定一种证券的收益随整个证券市场平均收益水平变化程度的指标。它反映了一种证券收益相对于整个市场平均收益水平的变动性或波动性。如果某种股票的β系数为1，说明这种股票的风险情况与整个证券市场的风险情况一致，即若市场行情上涨10%，该股票也会上涨10%；若市场行情下跌10%，该股票也会下跌10%。如果某种股票的β系数大于1，说明其风险大于整个市场的风险。如果某种股票的β系数小于1，说明其风险小于整个市场的风险。

单一证券的β值通常会由一些投资服务机构定期计算并公布，证券投资组合的β值则可由证券组合投资中各组成证券β值加权计算而得。其计算公式为：

$$\beta_p = \sum_{i=1}^{n} W_i \beta_i$$

式中，β_p为证券组合的β系数；W_i为证券组合中第i种股票所占的比重；β_i成为第i种股票的β系数；n为证券组合中股票的数量。

5. 证券投资组合的风险与收益

（1）证券投资组合的风险收益。

投资者进行证券投资，就要求对承担的风险进行补偿，股票的风险越大，要求的收益率就越高。由于证券投资的非系统性风险可通过投资组合来抵消，投资者要求补偿的风险主要是系统性风险，因此，证券投资组合的风险收益是投资者因承担系统性风险而要求的，超过资金时间价值的那部分额外收益，其计算公式为：

$$R_p = \beta_p (K_m - R_f)$$

式中，R_p为证券组合的风险收益率；β_p为证券组合的β系数；K_m为市场收益率，证券市场上所有股票的平均收益率；R_f为无风险收益率，一般用政府公债的利率来衡量。

第四章　财务管理之营运资金与利润分配

第一节　营运资金管理

营运资金管理是一个越来越受重视的领域。由于竞争加剧和环境动荡，营运资金管理对于企业盈利能力以及生存能力的影响越来越大。

一、营运资金概述

（一）营运资金的含义及其构成

营运资金又称"营运资本"，是指企业生产经营活动中占用在流动资产上的资金。[①]营运资金有广义和狭义之分。广义的营运资金又称"毛营运资金"，是指企业生产经营中占用在流动资产上的资金；狭义的营运资金又称"净营运资金"，是指企业某个时点上流动资产与流动负债的差额。通常所说的营运资金都是指狭义的营运资金，它是判断和分析企业流动资金运作状况和财务风险程度的重要依据。

营运资金用公式表示如下：

$$营运资金＝流动资产-流动负债$$

流动资产是指可以在一年内或超过一年的一个营业周期内变现或运用的资产。流动资产具有占用时间短、周转快、易变现等特点。企业拥有较多的流动资产，可在一定程度上降低财务风险。流动资产在资产负债表上主要包括的项目是：货币资金、短期投资、应收票据、应收账款、预付费用和存货。

流动负债是指需要在 1 年内或超过 1 年的一个营业周期内偿还的债务，具有成本低、偿还期短的特点，必须认真进行管理，否则，将使企业承受较大的风险。流动负债包括短期借款、应付票据、应付账款、预收账款、应付工资、应付福利费、应付股利、应交税

---

① 周海珍. 财务管理 [M]. 上海：上海财经大学出版社，2017：68.

金、其他暂收应付款项、预提费用和一年内到期的长期借款等。

（二）营运资金的特点

为了有效地管理企业的营运资金，必须研究营运资金的特点，以便有针对性地进行管理。营运资金具有以下特点。

第一，周期的短期性。由于流动资产和流动负债在一年或超过一年的一个营业周期内完成一次循环，相对于长期资产或长期负债而言，营运资金的周期具有短期性。根据这一特点，营运资金需求可通过商业信用、发行短期债券、短期银行借款解决。

第二，数量的波动性。流动资产或流动负债容易受内外条件的影响，数量的波动往往很大。随着企业内外条件的变化而变化，流动资产如存货、银行存款等会出现时高时低，波动很大。季节性企业如此，非季节性企业也是如此。随着流动资产数量的变动，流动负债的数量也会相应发生变动。因而在企业营运资金管理中，要特别注意企业资金来源的稳定性和资金使用的灵活性，确保资金的供需平衡。

第三，来源的多样性。营运资金的需求既可通过长期筹资方式解决，也可通过短期筹资方式解决。企业筹集营运资金的方式也较为灵活多样，通常有银行短期借款、短期融资券、商业信用、应交税金、应交利润、应付工资、应付费用、预收货款、票据贴现等多种内外部融资方式。

第四，实物形态的变动性和易变现性。企业流动资产的占用形态是经常变化的，一般按照现金、材料、在产品、产成品、应收账款、现金的顺序转化。为此，在进行流动资产管理时，必须在各项流动资产上合理配置资金数额，做到结构合理，以促进资金周转顺利进行。

此外，非现金形态的营运资金如存货、应收账款、短期有价证券等流动资产一般具有较强的变现能力，如果遇到意外情况，企业出现资金周转不灵、现金短缺时，便可迅速变卖这些资产，以获取现金，这一点对企业应付临时性的资金需求有重要意义。

（三）营运资金管理的基本原则

营运资金管理是对企业流动资产及流动负债的管理。一个企业要维持正常的运转就必须拥有适量的营运资金，因此，营运资金管理是企业财务管理的重要组成部分。要搞好营运资金管理，必须解决好流动资产和流动负债两个问题，换句话说，就是下面两个问题：一是企业应该持有多少流动资产，即营运资金持有的管理。主要包括现金管理、应收账款管理和存货管理。二是企业应该怎样来进行流动资产的融资，即营运资金筹措的管理。包括银行短期借款的管理和商业信用的管理。

可见，营运资金管理的核心内容就是对资金运用和资金筹措的管理。加强营运资金管理就是加强对流动资产和流动负债的管理。企业进行营运资金管理，应遵循以下原则：

第一，保证合理的资金需求。企业应认真分析生产经营状况，合理确定营运资金的需要数量。企业营运资金的需求数量与企业生产经营活动有直接关系。一般情况下，当企业产销两旺时，流动资产会不断增加，流动负债也会相应增加；而当企业产销量不断减少时，流动资产和流动负债也会相应减少。营运资金的管理必须把满足正常合理的资金需求作为首要任务。

第二，提高资金使用效率。加速资金周转是提高资金使用效率的主要手段之一。提高营运资金使用效率的关键就是采取得力措施，缩短营业周期，加速变现过程，加快营运资金周转。因此，企业要千方百计地加速存货、应收账款等流动资产的周转，以便用有限的资金，服务于更大的产业规模，为企业取得更好的经济效益提供条件。

第三，节约资金使用成本。在营运资金管理中，必须正确处理保证生产经营所需和节约资金使用成本二者之间的关系。要在保证生产经营需要的前提下，遵守勤俭节约的原则，尽力降低资金使用成本。一方面，要挖掘资金潜力，盘活全部资金，精打细算地使用资金；另一方面，积极拓展融资渠道，合理配置资源，筹措低成本资金，服务于生产经营。

第四，保持足够的短期偿债能力。偿债能力的高低是企业财务风险高低的标志之一。合理安排流动资产与流动负债的比例关系，保持流动资产结构与流动负债结构的适配性，保证企业有足够的短期偿债能力是营运资金管理的重要原则之一。流动资产、流动负债以及二者之间的关系能较好地反映企业的短期偿债能力。流动负债是在短期内需要偿还的债务，而流动资产则是在短期内可以转化为现金的资产。因此，如果一个企业的流动资产比较多，流动负债比较少，说明企业的短期偿债能力较强；反之，则说明短期偿债能力较弱。但如果企业的流动资产太多，流动负债太少，也不是正常现象，这可能是因流动资产闲置或流动负债利用不足所致。

二、现金管理、存货管理与应收账款管理

(一) 现金管理

现金也称为"货币资金"，是指在生产经营过程中以货币形态存在的资金，包括库存现金、银行存款、支票、本票、银行汇票和信用卡等。现金具有流动性强和收益性差的特

点。现金是变现能力最强的资产，可以用来满足生产经营开支的各种需要，也是还本付息和履行纳税义务的保证。拥有足够的现金对于降低企业的风险、增强企业资产的流动性和债务的可清偿性具有重要的意义。但现金属于非营利资产，企业持有现金量过多，它所提供的流动性边际效益便会随之下降，从而使企业的收益水平下降。现金管理是在现金的流动性与收益性之间进行权衡选择的过程，保持合理的现金水平是企业现金管理的重要内容。

1. 企业持有现金的动机

企业持有一定数额的现金，主要是用于满足企业的交易性需求、预防性需求和投机性需求。

（1）交易性动机。

企业的交易性动机是企业为了维持日常周转及正常商业活动所需持有现金的动机。企业每日都在发生许多支出和收入，这些支出和收入在数额上的不相等及时间上的不匹配使企业需要持有一定现金来调节，以使生产经营活动能持续进行。

在许多情况下，企业向客户提供的商业信用条件和它从供应商那里获得的信用条件不同，使企业必须持有现金。例如，供应商提供的信用条件是30天付款，而企业迫于竞争压力，则向顾客提供45天的信用期，这样，企业必须筹集够15天的营运资金来维持企业运转。

另外，企业业务的季节性特征要求企业逐渐增加存货以等待季节性的销售高潮。这时，一般会发生季节性的现金支出，企业现金余额下降，随着销售高潮到来，存货减少，而现金又逐渐恢复到原来水平。

（2）预防性动机。

预防性动机是指企业需要维持充足现金，以应付突发事件。这种突发事件可能是政治环境变化，也可能是企业的某大客户违约导致企业突发性偿付等。尽管财务主管试图利用各种手段来较准确地估算企业需要的现金数，但这些突发事件会使原本很好的财务计划失去效果。因此，企业为了应付突发事件，有必要维持比日常正常运转所需金额更多的现金。

为应付意料不到的现金需要，企业掌握的现金额取决于：①企业愿承担现金风险的程度；②企业预测现金收支可靠的程度；③企业临时融资的能力。希望尽可能减少风险的企业倾向于保留大量的现金余额，以应付其交易性需求和大部分预防性需求。另外，企业会与银行维持良好关系，以备现金短缺之需。

（3）投机性动机。

投机性需求是企业为了在证券市场上获得收益或在原材料市场上投机买卖来获得投机

收益而持有现金的动机。这种机会大多是转瞬即逝的，如证券价格的突然下跌，企业若没有用于投机的现金，就会错过这一机会。

除了上述三种基本的现金持有动机以外，还有许多企业是将现金作为补偿性余额来持有的。补偿性余额是企业同意保持的账户余额，它是企业对银行所提供借款或其他服务的一种补偿。

2. 现金成本的构成部分

现金具有最大的可接受性，作为企业重要的支付手段，它可随时有效地被用来购买商品，支付有关费用和偿还债务。现金是企业流动性最强的资产，是企业流动资产的重要组成部分，也是其他流动资产转化的最终对象。企业因为持有一定数量的现金而发生的费用或者当现金发生短缺时可能承担的代价或损失被称为"现金成本"，通常由以下四个部分组成：

一是现金的机会成本。现金的机会成本是指企业因持有一定量的现金而丧失的再投资收益，这种成本在数额上等于资金的投资收益。机会成本属于变动成本，它与现金持有量的多少密切相关，即现金持有量越大，机会成本越大，反之就越少。例如：远海公司持有现金 50 万元，假设再投资收益率为 10%，则远海公司的现金机会成本为 5 万元（50×10%）。

二是现金的管理成本。现金的管理成本是指企业因持有一定数量的现金而发生的管理费用，如管理者工资、安全措施费用等。一般认为这是一种固定成本，这种固定成本在一定范围内和现金持有量之间没有明显的比例关系。

三是现金的短缺成本。现金的短缺成本是指在现金持有量不足，又无法及时通过有价证券变现加以补充所给企业造成的损失，包括直接损失与间接损失。现金的短缺成本随现金持有量的增加而下降，随着现金持有量的减少而上升，即与现金持有量呈负相关。

四是现金的转换成本。现金的转换成本是指企业用现金购买有价证券或者将有价证券转换为现金所发生的交易费用，如买卖证券支付的佣金、手续费和进行证券交易支付的税金等。现金的转换成本可以分为两类：一类是与转换金额相关的费用，如买卖证券的手续费和证券交易的印花税等，这种费用一般按成交金额的一定比例支付，与转换的次数关系不大，属于变动转换成本；二是与转换金额无关，只与转换次数有关的费用，如过户费等，这种费用按照交易的次数支付，每次交易支付的费用金额是相同的，属于固定转换成本。

3. 现金最佳持有量的确定方法

企业现金管理的目标是尽可能地降低现金占用，在实践中企业财务管理人员确定本企业的最佳现金余额是非常重要和必要的。现金持有量过多会导致企业的整体盈利水平下降，现金持有量不足则可能影响企业的生产经营。因此，最佳现金持有量的确定，必须基于对收益和风险的权衡。最佳现金持有量是指既能节约资金，减少资金占用成本，又能满足生产经营需要，保持企业正常支付能力的货币资金占用量。确定最佳现金持有量的方法主要有现金周转模式、成本分析模式和存货模式等。

（1）现金周转模式。

现金周转模式是根据企业现金需求总额、现金周转期及现金平均占用额来确定最佳现金持有量的一种方法。

现金周转期是指从现金投入生产经营开始，到最终转化为现金的过程。现金周转期的计算公式是：

$$现金周转期 = 应收账款周转期 + 存货周转期 - 应付账款周转期$$

应收账款周转期是指从应收账款发生到收回所需要的时间；存货周转期是指从生产投入材料开始到产成品出售所需要的时间。应付账款周转期是指从收到尚未付款的材料开始到偿还货款所需要的时间。

现金周转期就是现金周转一次所需要的天数。根据现金周转期可以计算出现金周转率，即现金在一年中周转的次数。

$$现金周转率 = 360 天 \div 现金周转期$$

现金周转期确定后，便可确定企业最佳现金持有量，其计算公式是：

$$最佳现金持有量 = 企业年现金需求总额 + 360 \times 现金周转期$$

（2）成本分析模式。

成本分析模式是在综合考虑持有现金机会成本、短缺成本的情况下，通过分析，找到总成本最低时现金持有量的一种方法。它的特点是只考虑持有一定量的现金而产生的初会成本和短缺成本，而不考虑管理成本和转换成本。通常持有现金的机会成本与现金持有量成正比，短缺成本与现金持有量成反比。

$$最佳现金持有量 = min（机会成本 + 短缺成本）$$

在实际工作中，运用该模式确定最佳现金持有量的步骤是：

第一，根据不同现金持有量，测算和确定有关成本数值。

第二，根据上一步骤结果，编制最佳现金持有量的测算表。

第三，从测算表中找出总成本最低时的现金持有量，即最佳现金持有量。

（3）存货模式。

存货模式是把现金看作存货来进行管理，根据存货的经济批量模型来确定最佳现金持有量的方法。该模型是分析现金管理问题的传统方法，在此方法下，企业对其现金余额的管理是建立在持有现金（而非有价证券）的成本和把有价证券转换为现金的成本的基础上。最佳的政策是使这些成本之和最小。

利用存货模式确定最佳现金持有量，必须假定以下基本前提：一是企业未来现金需求量能够准确预测。二是企业现金流出量在整个期间内平均分布。三是利率（持有现金的机会成本）是固定的。四是企业每次把有价证券转化为现金时支付固定的交易成本。

在具备了上述四个假设条件的情况下，现金管理相关总成本的计算公式如下：

现金管理相关总成本＝现金机会成本＋现金转换成本

＝平均现金存量×短期有价证券利率＋交易次数×每次转换固定成本

即：

$$TC（Q）＝（Q/2）×K+（T/Q）×F$$

式中：$TC（Q）$ 为现金管理相关总成本，Q 为每次出售有价证券所能获得的现金量；K 为短期有价证券利率；T 为净现金需求，指为满足一定时期（通常为 1 年）生产经营需要，企业所需新筹集的现金总额；F 为每次转换的固定成本。

要使现金管理相关总成本最低，对上式中的 Q 求一阶导数，并令其等于 0。则

$$Q^* = \sqrt{\frac{2TF}{K}}$$

式中：Q^* 即为最佳现金持有量。

企业运用上述各种方法得到的企业最佳现金持有量只是理论上的近似，在实际工作中还要考虑到企业经营波动性余额和预防性余额的需要，并考虑贷款银行要求的补偿和存款余额的需要等。企业应该根据生产经营实际情况，对理论计算出来的企业最佳现金持有量进行经验校正，实现企业的现金管理目标。

4. 现金的日常管理

在现金管理中，企业除了确定最佳现金余额外，还必须进行现金的日常管理。

（1）现金预算管理。

现金预算是企业财务预算的一个重要组成部分，其编制一般从销售预测开始，由企业每个职能部门分别编制出相应的分项预算，如销售预算、生产预算、直接原材料费用预算、直接人工费用预算、间接费用预算、销售费用和管理费用预算等，最终由财务管理部门汇总各分项预算，编制出现金预算表。

在编制各分项预算工作中，企业财务管理部门的主要职责是为销售、生产和采购等部门的分项预算建立共同的基本假设，如物价水平、基准贴现率、可供资源的限制条件等，

现代财务管理与内部控制实务

参与协调分项预算工作的各部门人员，使之能够相互衔接与配合，防止各个职能部门和人员因部门利益或个人偏好而高估或低估现金的收支。

现金预算的编制方法主要有现金收支法。现金收支法实际上就是编制各个月份的现金收支计划，并与现金收支的实际情况进行比较，便于企业控制和分析现金预算的执行情况。利用现金收支法编制现金预算的主要步骤如下。

第一，预测企业的现金流入量。企业应根据销售预算和生产经营情况等因素，预测各个月份的现金流入量。现金流入量主要包括经营活动的现金流入量和其他现金流入量。

第二，预测企业的现金流出量。企业应根据生产经营的目标要求，预测为实现既定的经营目标所需要购入的资产、支付的费用等所要发生的现金流出量。现金流出量包括经营活动的现金流出量和其他现金流出量。

第三，确定现金余缺。企业根据预算的现金流入量与现金流出量，计算出净现金流量，之后在考虑期初现金余额和本期最佳现金余额的因素下，计算出本期的现金余缺。

根据现金预算，企业财务管理人员既要积极组织现金收入来保证生产经营需要，又要对现金预算上最后反映出来的预算期内的现金余缺进行具体分析，作出合理的财务安排。由于存在企业无法预见的突发事件，如材料供应价格改变、新产品开发计划失败等，都可能影响企业的现金预算，这时企业可以考虑改变现金预算。

（2）银行存款管理。

银行存款管理是指企业应对结算户存款、单位定期存款进行管理，以确保银行存款的安全、完整，同时还应善于灵活运用各种转账结算方式有效地调度资金，以提高资金的使用效果。根据规定，各单位之间的一切经济往来，包括产品销售、劳务供应和资金缴拨等的货币资金结算，除结算金额起点以下的零星支付以外，都必须进行转账结算。此外，为保证责任的履行及防止发生违法乱纪行为，企业必须做好银行存款的定期对账工作、出纳和其他会计人员调动时的工作交接手续等基础工作。

（3）现金收支管理。

企业应认真执行现金预算，加强对现金的日常管理，提高现金的使用效率。一方面，企业要尽可能地缩短现金的收入时间，加速回款；另一方面，在不损害企业信用的前提下，尽可能地延缓现金的支出时间，使在一定时期内可供企业支配使用的现金数额达到最大。企业现金收支管理的方法有：

第一，加速现金收款。为了提高现金的使用效率，加速现金周转，企业应尽量加速账款的收回。企业加速收款的任务不仅要尽量使顾客早付款，而且要尽快使这些付款转化为可用现金。为此，必须满足如下要求：①减少顾客付款的邮寄时间；②减少企业收到顾客开来支票与支票兑现之间的时间；③加速资金存入自己往来银行的过程。

第二，集中银行业务。企业设立一些收款中心，指定一个主要收款中心的开户银行作为集中银行，企业客户的货款交到距其最近的收款中心，收款中心将每天收到的货款存入当地收款中心的开户银行。收款中心开户银行再将扣除补偿性存款余额后的货币资金解缴到企业指定的集中银行，供企业集中使用。

第三，使用现金浮游量。现金浮游量是指企业账户上现金余额与银行账户上所示的存款余额之间的差额。现金浮游量是由于企业提高收款效率和延迟付款时间所产生的结果。如果企业本身办理收款的效率高于接受其支票的企业的收款效率，就会产生现金浮游量，使企业账户上的现金余额小于其银行存款账户上所显示的存款余额，有时，企业账簿上的现金余额已为零或负数，而银行账簿上该企业的现金余额还有不少。利用现金浮游量，企业可适当减少现金数量，达到节约现金的目的。

第四，推迟支付应付款。企业在不影响自身信誉的前提下，应尽可能推迟应付款的支付期，从而最大限度地利用现金。如果有现金折扣，企业应在现金折扣有效期的最后一天支付货款，不提前付款也不拖欠。如果企业急需货币资金，甚至可以放弃现金折扣优惠将付款期延至信用期的最后一天。

第五，采用汇票付款。汇票分为商业承兑汇票和银行承兑汇票，与支票不同的是，承兑汇票并不是见票即付。这一方式的优点是推迟了企业调入资金支付汇票的实际所需时间。这样企业就只需在银行中保持较少的现金余额。它的缺点是某些供应商可能并不喜欢用汇票付款，银行也不喜欢处理汇票，它们通常需要耗费更多的人力。同支票相比，银行会收取较高的手续费。

5. 闲置现金的投资管理

企业现金管理的目的首先是保证日常生产经营业务的需要，其次才是使这些现金获得最大的收益。这两个目的要求企业将闲置资金投入流动性高、风险性低、交易期限短的金融工具中，以期获得较多的收入。如果闲置现金管理得当，可为企业增加相当可观的净收益。

（二）存货管理

存货是指企业在生产经营过程中为销售、生产或耗用而储备的物资，包括库存商品、产成品、半成品、在产品、材料、燃料、低值易耗品等。存货管理水平的高低直接影响着企业的生产经营能否顺利进行，并最终影响企业的收益、风险等状况。因此，存货管理是财务管理的一项重要内容。存货管理的目标是尽力在各种存货成本与存货效益之间作出权衡，实现两者的最佳组合。

1. 存货的作用

存货的作用是指存货在企业生产经营过程中起到的作用。具体包括以下五个方面。

第一，保证生产正常进行。生产过程中需要的原材料和在产品，是生产的物质保证，为保障生产的正常进行，必须储备一定量的原材料，否则可能会造成生产中断、停工待料的现象。

第二，有利于销售。一定数量的存货储备能够增加企业在生产和销售方面的机动性和适应市场变化的能力。当市场需求量增加时，若产品储备不足就有可能失去销售良机，所以保持一定量的存货有利于市场销售。

第三，便于维持均衡生产，降低产品成本。有些企业产品属于季节性产品或者需求波动较大的产品，此时若根据需求状况组织生产，则可能有时生产能力得不到充分利用，有时又超负荷生产，这会造成产品成本的上升。

第四，降低存货取得成本。一般情况下，当企业进行采购时，进货总成本与采购物资的单价和采购次数有密切关系。而许多供应商为鼓励客户多购买其产品，往往在客户采购量达到一定数量时，给予价格折扣，所以企业通过大批量集中进货，既可以享受价格折扣，降低购置成本，也因减少订货次数，降低了订货成本，使总的进货成本降低。

第五，防止意外事件的发生。企业在采购、运输、生产和销售过程中，都可能发生意料之外的事故，保持必要的存货保险储备，可以避免和减少意外事件的损失。

2. 存货成本的主要内容

企业为了维持正常生产经营活动，必须储备一定数量的存货，但是采购、储存存货可能要发生各种费用支出，这些费用支出就构成了企业存货的成本。通常包括以下三项成本。

（1）取得成本。

取得成本指为取得某种存货而支出的成本，通常用 TC_a 来表示。其又分为订货成本和购置成本。

订货成本指取得订单的成本，如办公费、差旅费、邮资及运输费等支出。订货成本中有一部分与订货次数无关，如常设采购机构的基本开支等，称为"固定的订货成本"，用 F_1 表示；另一部分与订货次数有关，如差旅费、邮资等，称为订货的变动成本。每次订货的变动成本用 K 表示；订货次数等于存货年需求量 D 与每次进货量 Q 的比值。订货成本的计算公式为：

$$订货成本 = F_1 + \frac{D}{Q} \times K$$

购置成本指为购买存货本身所支出的成本，即存货本身的价值，经常用数量与单价的乘积来确定。年需求量用 D 表示，单价用 U 表示，于是购置成本为 $D \times U$。

订货成本加上购置成本，就等于存货的取得成本。其公式可表达为：

存货的取得成本＝订货成本＋购置成本＝订货固定成本＋订货变动成本＋购置成本

$$TC_a = F_1 + \frac{D}{Q} \times K + D \times U$$

（2）储存成本。

储存成本指为保持存货而发生的成本，包括存货占用资金所应计的利息、仓库费用、保险费用、存货破损和变质损失等，通常用 TC_c 来表示。

储存成本分为固定成本和变动成本。固定成本与存货数量的多少无关，如仓库折旧、仓库职工的固定工资等，常用 F_2 表示。变动成本与存货的数量有关，如存货资金的应计利息、存货的破损和变质损失、存货的保险费用等，单位储存变动成本用 K_c 来表示。用公式表达的储存成本为：

储存成本＝储存固定成本＋储存变动成本

$$TC_c = F_2 + K_c \times \frac{Q}{2}$$

（3）缺货成本。

缺货成本指由于存货数量不能及时满足生产和销售的需要而给企业造成的损失，包括材料供应中断造成的停工损失、产成品库存缺货造成的拖欠发货损失和丧失销售机会的损失及造成的商誉损失等；如果生产企业以紧急采购代用材料解决库存材料中断之急，那么缺货成本表现为紧急额外购入成本。缺货成本用 TC_s 表示。

最后，以 TC 来表示储备存货的总成本，它的计算公式为：

$$TC = TC_a + TC_c + TC_s = F_1 + \frac{D}{Q} \times K + D \times U + F_2 + K_c \times \frac{Q}{2}$$

3. **存货法人的控制**

（1）存货归口分级管理。

存货归口分级管理是企业实行存货资金管理责任制的一个重要方法。企业的存货以各种实物形态分布在企业生产经营的每个环节，由从事生产经营活动的各有关职能部门和生产部门掌握和使用，只有每个职能部门参与才能真正管理好企业的存货。企业的存货管理应当在财务部门牵头进行集中管理的前提下，实行存货的归口分级管理。实行存货归口分级管理有利于调动各职能部门、各级单位和员工管好用好存货的积极性和主动性，把存货管理同企业的生产经营活动结合起来，贯彻责权利相结合的原则。存货归口分级管理的主要内容如下。

第一，财务部门对存货资金统一管理，以促进供、产、销之间的相互协调，加速周转。财务部门的工作包括：测算存货资金占用数额，编制存货资金使用计划；将计划指标分解、落实到责任单位和个人；对存货资金使用情况进行检查、分析和考核等。

第二，根据存货的实际流转、保管和使用情况，按资金使用、实物管理和资金管理相结合的原则，分别确认供、产、销各环节存货的归口管理部门。

第三，各归口管理部门进一步将存货管理责任层层落实，分解到下属的单位或者个人。

（2）存货 ABC 分类管理法。

不同存货对企业财务目标的实现具有不同的作用，有的存货尽管品种数量很少，但金额巨大，如果管理不善，会给企业造成极大的损失。而有的存货虽然品种数量繁多，但金额微小，即使管理中出现一些问题，也不至于对企业产生较大的影响。因此，企业不可能也没有必要对所有存货不分巨细地严加管理，ABC 分类管理法就是基于这一考虑而提出的。

存货的 ABC 分类管理就是根据各项存货在全部存货中的重要程度，按重要性递减原则，将存货分成 A、B、C 三类。最重要的存货为 A 类，实行重点规划和管理，对存货的收、发、存详细记录，定期盘点。对采购、储存、使用过程中出现的偏差应及时分析原因，调查清楚，寻求改进措施；一般存货为 B 类，进行次重点管理，一般可按存货类别进行控制，对实际出现的偏差进行概括性检查；不重要的存货为 C 类，只作一般管理方式。

存货 ABC 分类的标准主要有两个：①金额标准；②品种数量标准。企业金额标准是最基本的，品种数量标准仅作为参考。A 类存货的特点是金额巨大，但品种数量较少；B 类存货金额一般，品种数量相对较多；C 类存货品种数量繁多，但价值金额却很小。

（三）应收账款管理

应收账款是指企业因对外销售产品或提供劳务等所形成的尚未收回的销售款项。企业通过提供商业信用，采取赊销、分期付款等方式可以扩大销售，增强竞争力，获得利润。应收账款作为企业为扩大销售和盈利的一项投资，也会发生一定的成本，因此企业需要在应收账款所增加的盈利和所增加的成本之间作出权衡。

应收账款管理就是分析赊销的条件，使赊销带来的盈利增加大于应收账款投资产生的成本增加，最终使企业现金收入增加，企业价值上升。应收账款管理的有效性直接影响到企业资金的周转和经济效益的实现，也直接影响到企业的资产质量和资产营运能力。

1. 应收账款的功能

应收账款的功能指其在生产经营中的作用，主要有以下两方面。

一是促进销售功能。在激烈的市场竞争中，通过提供赊销可有效地促进销售。因为企业提供赊销不仅向顾客提供了商品，也在一定时间内向顾客提供了购买该商品的资金，顾客将从赊销中得到好处。所以赊销会带来企业销售收入和利润的增加。

二是减少存货功能。企业持有一定产成品存货时，会相应地占用资金，形成仓储费用、管理费用等，产生成本；而赊销则可避免这些成本的产生。所以当企业的产成品存货较多时，一般会采用优惠的信用条件进行赊销，将存货转化为应收账款，节约支出。

2. 应收账款的成本

应收账款作为企业为增加销售和盈利进行的投资，必然会发生一定的成本。应收账款的成本主要有：

第一，应收账款的机会成本。应收账款会占用企业一定量的资金，而企业若不把这部分资金投放于应收账款，便可以用于其他投资并可能获得收益，如投资债券获得利息收入。这种因投放于应收账款而放弃其他投资所带来的收益，即为应收账款的机会成本。

第二，应收账款的管理成本。管理成本主要是指在进行应收账款管理时，所增加的费用。主要包括：调查顾客信用状况的费用、收集各种信息的费用、账簿的记录费用、收账费用等。

第二，应收账款的坏账成本。在赊销交易中，债务人由于种种原因无力偿还债务，债权人就有可能无法收回应收账款而发生损失，这种损失就是坏账成本。可以说，企业发生坏账成本是不可避免的，而此项成本一般与应收账款的数量成正比。因此，为避免坏账给企业生产经营活动的稳定性带来不利影响，企业应按应收账款余额的一定比例提取坏账准备。

3. 应收账款的管理内容

为充分发挥应收账款的功能作用，必须加强对应收账款的管理。应收账款的管理核心是制定合理的信用政策，使得信用政策既有利于扩大销售，又有利于降低应收账款占用的资金，防止发生坏账损失。具体来说，应收账款管理的主要内容包括以下方面。

（1）合理的应收账款信用政策制定。

为了确保企业能一致性地运用信用和保证公平性，企业必须制定恰当的信用政策。最佳的信用政策，也就是说最佳的应收账款投资水平，取决于企业自身的生产经营状况和外部环境。信用政策包括信用标准、信用期限、折扣条件和收账政策四部分的内容。

第一，信用标准。信用标准是企业同意向客户提供商业信用而提出的基本要求，通常以预期的坏账损失率作为判别标准。企业要根据自身条件和市场竞争的具体情况，选择适当的信用标准。如果企业执行的信用标准过于严格，可能会降低对符合可接受信用风险标准客户的赊销额，因此会限制企业的销售机会；如果企业执行的信用标准过于宽松，可能会对不符合可接受信用风险标准的客户提供赊销，因此会增加随后还款的风险并增加坏账费用。企业在制定或选择信用标准时，应考虑以下三个因素：

一是同行业竞争对手的情况。企业要在市场竞争中保持优势地位，不断扩大市场占有率。因此，如果竞争对手实力强，企业要保持其优势地位就需采取较低的信用标准；反之，其信用标准要相应严格一些。

二是企业承担违约风险的能力。当企业承担违约风险的能力较强时，企业可以以较低的信用标准争取客户，提高其市场竞争力；反之，则要选择严格的信用标准以降低违约风险。

三是客户的资信程度。客户的资信程度是影响企业制定信用标准的重要因素。一般按照 5C 信用评价体系来评估客户的资信程度。

品质（character）：品质是指个人申请人或企业申请人管理者的诚实和正直表现。品质反映了个人或企业在过去的还款中所体现的还款意图和愿望。

能力（capacity）：能力反映的是企业或个人在其债务到期时可以用于偿债的当前和未来的财务资源，可以使用流动比率和现金流预测等方法评价申请人的还款能力。

资本（capital）：资本是指如果企业或个人当前的现金流不足以还债，他们在短期和长期内可供使用的财务资源。

抵押品（collateral）：抵押品是指当企业或个人不能满足还款条款时，可以用作债务担保的资产或其他担保物。

环境（condition）：环境是指影响顾客还款能力和还款意愿的经济环境，对申请人的这些条件进行评价以决定是否给其提供信用。

以上信息可以通过直接调整获得，即调查人员通过与被调查单位进行直接接触，通过当面采访、询问、观看等方式获取信用资料，此外，客户资信程度也可以通过间接调查获得。间接调查是以被调查单位以及其他单位保存的有关原始记录和核算资料为基础，通过加工整理获得被调查单位信用资料的一种方法。这些资料主要来自以下几个方面：①通过财务报表分析来掌握一个企业的财务状况和信用状况。②通过信用评估机构获得可信度较高的信用资料。③许多银行都设有信用部，对其顾客信用状况进行记录、评估，因此银行也是信用资料的一个重要来源。④其他途径，如财税部门、工商管理部门、消费者协会等机构都可能提供相关的信用状况资料。

第二，信用期限。信用期限是企业允许顾客从购货到付款之间的时间，或者说是企业给予顾客的付款期限。例如，若某企业允许顾客在购货后的 50 天内付款，则信用期为 50 天。信用期过短，不足以吸引顾客，在竞争中会使销售额下降；信用期过长，对销售额增加固然有利，但与此同时，应收账款、收账费用和坏账损失增加，会产生不利影响。因此，企业必须慎重研究，确定出恰当的信用期。

信用期变动的分析，一方面要考虑对利润表的影响（包括收入、成本和费用）；另一方面要考虑对资产负债表的影响（包括应收账款、存货、应付账款），并且要将对资金占用的影响用"资本成本"转化为"应计利息"，以便进行统一的得失比较。

此外，还有一个值得注意的细节就是，"应收账款占用资金"应当按"应收账款平均余额乘以变动成本率"计算确定。

第三，折扣条件。现金折扣是企业为了鼓励顾客在规定的期限内尽早付款而对顾客在商品价格上的扣减。向顾客提供这种价格上优惠的主要目的在于吸引顾客为享受优惠而提前付款，缩短企业的平均收款期。另外，现金折扣也能招揽一些视折扣为减价出售的顾客前来购货，借此扩大销售量。

折扣的表示常用如 5/10、3/20、N/30 这样的符号。这三个符号的含义分别为：5/10 表示 10 天内付款，可享受 5% 的价格优惠，即只需支付原价的 95%，如原价为 10000 元，只需支付 9500 元；3/20 表示 20 天内付款，可享受 3% 的价格优惠，即只需支付原价的 97%，若原价为 10000 元，则只需支付 9700 元；N/30 表示付款的最后期限为 30 天，此时付款无优惠。

企业采用什么程度的现金折扣，要与信用期限结合起来考虑。比如，要求顾客最迟不超过 30 天付款，若希望顾客 20 天或 10 天付款，能给予多大折扣？如果给予 5%、3% 的折扣，能吸引顾客在多少天内付款？不论是信用期限还是现金折扣，都可能给企业带来收益，但也会增加成本。当企业给予顾客某种现金折扣时，应当考虑折扣所能带来的收益与成本孰高孰低，权衡利弊。

因为现金折扣是与信用期限结合使用的，所以，确定折扣程度的方法与程序实际上与前述确定信用期限的方法与程序一致，只不过要把所提供的延期付款时间和折扣综合起来，计算各方案的延期与折扣能取得多大的收益增量，再计算各方案带来的成本变化，最终确定最佳方案。

第四，收账政策。收账政策是指当客户违反信用条件，拖欠甚至拒付账款时企业所采取的收账策略与措施。在企业决定向客户提供商业信用时，实际上已经承担了客户违反信用条件、拖欠货款的风险。通过收账政策的制定与实施，企业得以维持信用标准的水平和维护信用条件的执行，减少坏账损失。

当企业向客户提供商业信用时，必须考虑三个问题：客户是否会拖欠或拒付账款，程度如何；怎样最大限度地防止客户拖欠账款；一旦账款遭到拖欠甚至拒付，企业应采取怎样的对策。前两个问题的解决主要是靠信用调查和严格信用审批制度。第三个问题则必须通过制定完善的收账政策，采取有效的收账措施予以解决。企业对拖欠的应收账款进行催收，需要付出一定的收账费用，如收款所花的邮电通信费、派专人收款的差旅费和不得已时的法律诉讼费等。如果企业的收款政策过宽，将会导致拖欠款项的客户增多并且拖欠款项的时间延长，从而增加应收账款的投资和坏账损失，但却会减少收账费用；收账政策过严，将导致拖欠款项的客户减少及拖欠款项的时间缩短，从而减少应收账款的投资和坏账损失，但却会增加收账费用。因此，企业在制定收账政策时，要权衡利弊得失，把握好宽严程度。

（2）进行应收账款的投资决策。

企业为客户提供商业信用是为了扩大销售量，增加企业的收益，应收账款实际上是企业为了获得更大收益而进行的一项投资。但是应收账款要占用大量的资金，企业必须将应收账款投资总额控制在一个合理的范围内。应收账款的投资额主要取决于两个因素：一是企业的赊销数额；二是应收账款的平均收账期。企业的赊销数额取决于企业的销售能力和信用政策，应收账款的平均收账期则主要取决于企业的信用政策。应收账款投资额可用以下公式计算：

$$应收账款投资额=每日平均赊销数额×应收账款平均收账期$$

（3）加强应收账款的日常管理，防止坏账发生。

对于已经发生的应收账款，企业要加强日常管理，采取有力措施进行分析、控制。这些措施包括以下几项。

第一，应收账款账龄分析。企业为了详细了解客户的付款情况，可以编制应收账款账龄分析表。账龄分析表将应收账款划分为未到信用期的应收账款和已逾期应收账款。一般来讲，逾期时间越长，账款催收难度越大，成为坏账的可能性也就越高。账龄分析法是衡量应收账管理状况的一种重要方法，企业既可以按照应收账款总额进行账龄分析，也可以按照顾客进行账龄分析。通过应收账款账龄分析，不仅能提示财务管理人员把过期款项视为工作重点，而且有助于促进企业进一步研究与制定新的信用政策。

第二，应收账款坏账准备金制度。坏账准备金制度是指企业按照事先确定的比例估计坏账损失计提坏账准备金，待发生坏账时再冲减坏账准备金。建立坏账准备金制度的关键是合理地确定计提坏账准备的比例。计提比例的确定是建立在历史经验数据的基础之上的。企业可以根据以往应收账款发生坏账的比例和当前信用政策的实际情况来估计计提坏账准备金的比例。

计提坏账准备金的方法有三种：一是销货百分比法，即按赊销货款的一定比率计提坏账准备金；二是账龄分析法，即按照账龄长短分别确定不同的计提比例，账龄越短，则计提比例越小，账龄越长，计提比例越大；三是应收账款余额百分比法，即按应收账款期末余额的一定比率计提坏账准备金。

第二节　收益分配管理

一、收益分配理论与股利政策

（一）收益分配的基本含义

利润分配是企业按照国家有关法律、法规以及企业章程的规定，在兼顾股东与债权人等其他利益相关者的利益关系基础上，将实现的利润在企业与企业所有者之间进行分配的活动。其中，分配给投资者的收益又称"股利分配"，是指公司向股东分配的股利，也是公司收益分配的一部分；留存用于公司再投资的收益又称"留存收益"，是指公司提取各项基金以及按照"以丰补歉"的原则留存的未分配利润，是公司收益分配的另一部分。

收益分配是一项十分重要的工作，它不但影响公司的筹资和投资决策，而且涉及投资者切身的利益；不仅影响公司的近期利益，而且关系到公司的长远利益。所以公司要合理组织收益分配，正确处理好各方面的经济关系，以保证公司健康有序地发展。

（二）收益分配的一般顺序

按照我国的有关法律规定，收益分配应按下列顺序进行。

1. 弥补以前年度亏损

计算可供分配的利润是将本年净利润（或亏损）与年初未分配利润（或亏损）合并，计算出可供分配的利润。如果可供分配的利润为负数（亏损），则不能进行后续分配；如果可供分配的利润为正数（本年累计盈利），则进行后续分配。企业的年度亏损可以用下一年度的税前利润弥补，尚不足弥补的，可以用以后年度的税前利润弥补，但连续期限不得超过 5 年。

2. 计提法定盈余公积

计提法定盈余公积是按抵减年初累计亏损（如果有的话）后的本年净利润计提法定盈余公积。不能用资本发放股利、也不能在没有累计盈余的情况下提取盈余公积。

法定盈余公积从净利润中提取形成，用于弥补公司亏损、扩大公司生产经营或者转增公司资本。公司分配当年税后利润时应当按照 10% 的比例提取法定盈余公积；当盈余公积累计额达到公司注册资本的 50% 时，可不再继续提取。法定公积转增资本后留存企业的部分，以不少于转增前注册资本的 25% 为限。

3. 计提任意盈余公积

如果企业有优先股，应先分配优先股股利，再提取任意盈余公积。任意盈余公积按公司章程或股东会决议提取和使用。这是用来满足企业经营管理需要，控制向投资者分配利润的水平，以及调整各年度利润分配的波动。

4. 向股东支付股利

公司向股东（投资者）支付股利（分配利润），要在提取盈余公积之后。股利（利润）的分配应以各股东（投资者）持有股份（投资额）的数额为依据，每位股东（投资者）分得的股利（分得的利润）与其持有的股份数（投资额）成正比，公司章程另有约定的除外。公司原则上应从累计盈利中分派股利，无盈利不得支付股利，即所谓"无利不分"原则。但若公司用盈余公积抵补亏损以后，为维护其股票信誉，经股东大会特别决议，也可用盈余公积支付股利，不过这样支付股利后留存的法定盈余公积不得低于注册资本的 25%。

股利分配涉及的方面很多，如股利支付程序中各日期的确定、股利支付比率的确定、股利支付形式的确定、支付现金股利所需资金筹集方式的确定等。其中最主要的是确定股利的支付比率，即用多少盈余发放股利、多少盈余为公司所留用（称为"内部筹资"），因为这可能会对公司股票的价格产生影响。

（三）收益分配的影响因素

1. 法律因素

为了保护公司债权人和股东的利益，《公司法》和《证券法》等有关法规对公司股利的分配进行了一定的限制，主要包括以下内容：

（1）资本保全。公司不能用筹集的经营资本发放股利。我国法律规定，公司的溢缴资本也不能发放股利，即股本（实收资本）和资本公积均不得用于发放股利。实行这一限制的目的，在于保证公司具有完整的产权基础，以充分维护债权人的利益。

（2）公司积累。公司股利只能从当期的利润和过去累积的留存盈利中支付，也就是说，公司股利的支付不能超过当期与过去的留存盈利之和。我国法律规定公司的年度税后利润必须提取 10%的法定盈余公积并鼓励提取一定比例的任意盈余公积，只有当公司提取的盈余公积累积数达到注册资本 50%时才可以不再计提。提取法定公积金后的净利润才可以用于支付股利。

（3）净利润。公司账面累积税后利润必须是正数才可以发放股利。以前年度的亏损必须足额弥补。

（4）无力偿付的限制。公司如要发放股利，就必须保有充分的偿债能力。也就是说，如果公司无力偿付到期债务或因支付股利使其失去偿债能力，则公司为保障债权人的利益，不能支付股利。

（5）超额累积利润。如果公司的留存收益超过法律所认可的合理水平，将被加征额外的税款。这是因为股东所获得的收益包括股利和资本利得，前者的税率一般大于后者，公司通过少发股利、累积利润，使股价上涨来帮助股东避税。我国的法律对公司累积利润未作限制性规定。

2. 公司因素

（1）流动性。公司资产的流动性，即保有一定的现金和其他适当的流动资产，是维持其正常商品经营的重要条件。较多地支付现金股利会减少公司的现金持有量，降低公司资产的流动性。因此，公司现金股利的支付能力，在很大程度上受其资产流动性的限制。

（2）举债能力。不同的公司在资本市场上举借债务的能力有一定的差别，举债能力较强的公司往往采取较为宽松的股利政策；举债能力较弱的公司，为维持企业正常的经营能力就不得不留滞利润，因而常采取较紧的股利政策。

（3）盈余的稳定性。公司能否获得长期稳定的盈余，是其股利决策的重要基础。盈余比较稳定的公司相对于盈余不稳定的公司而言具有较高的股利支付能力，因为盈余稳定的公司对保持较高股利支付率更有信心。收益稳定的公司面临的经营风险和财务风险较小，筹资能力较强，这些都是其股利支付能力的保证。

（4）投资机会。公司的股利政策与其所面临的新的投资机会密切相关。如果公司有良好的投资机会，必然需要大量的资金支持，因而往往会将大部分盈余用于投资，而少发放股利；如果公司暂时缺乏良好的投资机会，则倾向于先向股东支付股利，以防止保留大量现金造成资金浪费。正因为如此，许多成长中的公司，往往采取较紧的股利政策，而许多处于经营收缩期的公司，却往往采取较宽松的股利政策。

（5）资本成本。与发行新股相比，采用留存收益作为内部筹资的方式，不需支付筹资费用，其资本成本较低。当企业筹措大量资金时，应选择比较经济的筹资渠道，以降低资本成本。在这种情况下，公司通常采取较紧的股利政策。同时，以留存收益进行筹资，还会增加股东权益资金的比重，进而提高公司的借贷能力。

3. 股东因素

股东在稳定收入、股权稀释、税负等方面的要求也会对公司的股利政策产生影响。

（1）稳定收入。公司股东的收益包括两部分，即股利收入和资本利得。对于永久性持有股票的股东来说，往往要求较为稳定的股利收入，如果公司留存较多的收益，将先遭到这部分股东的反对。而且，公司留存收益带来的新收益或股票交易价格产生的资本利得具有很大的不确定性。因此，与其获得不确定的未来收益，不如得到现实的确定的股利。

（2）股权稀释。公司支付较高的股利，就会导致留存收益的减少，这就意味着将来发新股的可能性加大。如果通过增募股本的方式筹集资金，现有股东的控制权就有可能被稀释。当他们没有足够的现金认购新股时，为防止自己的控制权降低，宁可公司不分配股利也反对募集新股。另外，随着新股的发行，流通在外的普通股的股数必将增加，最终将导致普通股的每股收益和每股市价的下跌，从而，对现有的股东产生不利的影响。

（3）税负。股票持有者获得的股利收入和资本利得都需要交纳一定的所得税，在许多国家，前者的所得税率（累进税率）高于后者的税率。因此，为了减轻税负，高收入阶层的股东，通常愿意公司少支付股利而将较多的盈余保留下来以作为再投资用。而且即使对这两种收入课以相同的税率，由于对股利收入课税发生在股利分发时，而资本利得课税可递延到实际出售股票时，其资本利得的实际税负也小于股利收入的税负。与此相反，对于那些低收入阶层的股东来说，其所适用的所得税税率比较低，这些股东就会更重视当期的股利，而不愿冒风险去获得以后的资本利得，因而，对于这类股东来说，税负并不是他们关心的内容，他们更关心较高的股利支付率。

4. 其他限制

（1）债务合同约束。当公司以长期借款协议、债券契约、优先股协议以及租赁合约等形式向公司外部筹资时，常常应对方的要求，接受一些关于股利支付的限制性条款。这种限制常常包括：未来股利只能用协议签订以后的新的收益支付（限制动用以前的留存收益）；流动资金低于一定标准时不得支付股利；利息保障倍数低于一定标准时不得支付股利。其目的在于促使公司把利润的一部分按有关条款的要求，以某种形式（如偿债基金）进行再投资，以保障借款如期归还，维护债权人的利益。

（2）通货膨胀。在通货膨胀的情况下，由于货币购买力下降，公司计提的折旧不能满足重置固定资产的需要，需要动用盈余补足重置固定资产的需要，因此在通货膨胀时期公司股利政策往往偏紧。

（四）股利政策的相关理论

股利政策（dividend policy）是关于公司是否发放股利、发放多少股利、采用何种方式发放股利以及何时发放股利等方面的方针和政策。长期以来，人们一直在探讨股利政策对公司股价或企业价值有无影响的问题，这就形成了股利政策的基本理论。主要有两种股利理论：股利无关论与股利相关论。

1. 股利无关论

股利无关论认为股利分配对公司的市场价值（或股票价格）不会产生影响。这一理论是由美国经济学家莫迪格利安尼（Modigliani）和米勒（Miller）于 1961 年提出的。

这一理论是建立在以下假设前提基础上的：①完善的竞争假设，任何一位证券交易者都没有足够的力量通过其交易活动对股票的现行价格产生明显的影响。②信息完备假设，所有的投资者都可以平等地免费获取影响股票价格的任何信息。③交易成本为零假设，证券的发行和买卖等交易活动不存在经纪人费用、交易税和其他交易成本，在利润分配与不分配、或资本利得与股利之间均不存在税负差异。④理性投资者假设，每个投资者都是财富最大化的追求者。

股利无关论的主要观点如下。

第一，投资者并不关心公司股利的分配。若公司留存较多的利润用于再投资，会导致公司股票价格上升；此时尽管股利较低，但需要现金的投资者可以出售股票换取现金。若公司发放较多的股利，投资者又可以用现金再买入一些股票以扩大投资。也就是说，投资者对股利和资本利得并无偏好。

第二，股利的支付比率不影响公司的价值。既然投资者不关心股利的分配，公司的价值就完全由其投资政策及其获利能力所决定，公司的盈余在股利和保留盈余之间的分配并不影响公司的价值，既不会使公司价值增加，也不会使公司价值降低（即使公司有理想的投资机会而又支付了高额股利，也可以募集新股，新投资者会认可公司的投资机会）。

2. 股利相关论

股利相关论认为，公司的股利分配对公司市场价值有影响。其代表性观点主要如下五种。

（1）"在手之鸟论"。

这种观点认为，在股利收入与股票价格上涨产生的资本利得收益之间，投资者更倾向于前者。因为股利是现实的有把握的收益，而股票价格的上升与下跌具有较大的不确定性，与股利收入相比风险很大。因此，投资者更愿意购买能支付较高股利的公司股票，这样，股利政策必然会对股票价格产生影响。这一理论用西方的一句格言来形容就是"双鸟在林，不如一鸟在手"。

（2）信息传播论。

这一理论认为，股利实际上给投资者传播了关于企业收益情况的信息，这一信息自然会反映在股票的价格上，因此，股利政策与股票价格是相关的。如果某一公司改变了长期以来比较稳定的股利政策，这就等于给投资者传递了公司收益情况发生变化的信息，从而会影响到股票的价格。股利提高可能给投资者传递公司未来创造现金能力增强的信息，该公司的股票价格就会上涨；反之，股利下降可能给投资者传递公司经营状况变坏的信息，该公司股票的价格就会下跌。

（3）代理理论。

企业中的股东、债权人、管理者等诸多利益相关者的目标并非完全一致，在追求自身利益最大化的过程中有可能会以牺牲另一方的利益为代价，这种利益冲突关系反映在公司股利分配决策过程中表现为不同形式的代理成本：反映两类投资者之间利益冲突的是股东与债权人之间的代理关系；反映股权分散情形下内部管理者与外部分散投资者之间利益冲突的管理者与股东之间的代理关系；反映股权集中情形下控制性大股东与外部中小股东之间利益冲突的是控股股东与中小股东之间的代理关系。

持这种观点的人认为，股利政策有助于减缓管理者与股东之间，以及股东与债权人之间的代理冲突，也就是说，股利政策相当于是协调股东与管理者之间代理关系的一种约束机制。

该理论认为，股利的支付能够有效地降低代理成本。首先，股利的支付减少了管理者对自由现金流量的支配权，这在一定程度上可以抑制公司管理者的过度投资或在职消费行为，从而保护外部投资者的利益。其次，较多的现金股利发放，减少了内部融资，导致公司进入资本市场寻求外部融资，从而公司将接受资本市场上更多、更严格的监督，这样便通过资本市场的监督减少了代理成本。因此，高水平的股利政策降低了企业的代理成本，但同时增加了外部融资成本，理想的股利政策应当使两种成本之和最小。

（4）税差效应理论。

该理论认为，由于普遍存在的税率和纳税时间的差异，资本利得收入比股利收入更有助于实现收益最大化目标，公司应当采用低股利政策。一般来说，对资本利得收入征收的税率低于对股利收入征收的税率；另外，即使两者没有税率上的差异，由于投资者对资本利得收入的纳税时间更具有弹性，投资者仍可以享受延迟纳税带来的收益差异。

（5）客户效应理论。

客户效应理论是对税差效应理论的进一步扩展，研究处于不同税收等级的投资者对待股利分配态度的差异，认为投资者不仅仅是对资本利得和股利收益有偏好，即使是投资者本身，因其所处不同等级的边际税率，对企业股利政策的偏好也是不同的。收入高的投资者因其拥有较高的税率表现出偏好低股利支付率的股票，希望少分或不分现金股利，以更多的留存收益进行再投资，从而提高所持有的股票价格。而收入低的投资者以及享有税收优惠的养老基金的投资者表现出偏好高股利支付率的股票，希望支付较高而且稳定的现金股利。

投资者的边际税率差异性导致其对待股利政策态度的差异性。边际税率高的投资者会选择实施低股利支付率的股票，边际税率低的投资者则会选择实施高股利支付率的股票。这种投资者依据自身边际税率而显现出的对实施相应股利政策股票的选择偏好现象被称为"客户效应"。因此，客户效应理论认为，公司在制定或调整股利政策时，不应该忽视股东对股利政策的需求。

（五）股利政策的类型

股利政策既决定给股东分配多少红利，也决定有多少净利留在公司。减少股利分配，会增加保留盈余，减少外部筹资需求。所以，公司的股利决策也就是内部筹资决策。在理财实务中，公司采用的股利政策主要如下。

1. 剩余股利政策

剩余股利政策是指在公司有着良好的投资机会时，根据一定的目标资本结构（最佳资本结构），测算出投资所需的权益资本，先从盈余当中留用，然后将剩余的盈余作为股利予以分配的政策。

剩余股利政策的理论依据是 MM 股利无关理论。根据 MM 股利无关理论，在完全理想状态下的资本市场中，公司的股利政策与普通股每股市价无关，故而股利政策只需随着公司投资、融资方案的制定而自然确定。

保持目标资本结构不是指保持全部资产的负债比率，无息负债和短期借款不可能也不需要保持某种固定比率。短期负债筹资是营运资本管理问题，不是资本结构问题。

保持目标资本结构，不是指1年中始终保持同样的资本结构。利润分配后建立的目标资本结构，随着生产经营的进行会出现损益，导致所有者权益的变化，使资本结构发生变化。因此，符合目标资本结构是指利润分配后（特定时点）形成的资本结构符合既定目标，而不是后续经营造成的所有者权益变化，形成的资本结构符合目标结构。

公司采用剩余股利政策时，应遵循四个步骤。

第一步：设定目标资本结构。即确定权益资本与债务资本的比率，在此资本结构下，加权平均资本成本将达到最低水平。

第二步：确定目标资本结构下投资所需的股东权益数额。

第三步：最大限度地使用保留盈余来满足投资方案所需的权益资金数额。

第四步：投资方案所需权益资本已经满足后，若有剩余盈余再将其作为股利发放给股东。

从以上可知，在这种政策下，股东所分得的是"剩余"的股利，体现无剩不分的原则。

剩余股利政策的优点是：采用剩余股利政策，意味着公司只将剩余的盈余用于发放股利。这样有利于保持公司理想的资本结构，使加权平均资本成本最低。但是，采用这种政策有可能出现当年由于无剩余利润不分配股利的现象，容易造成公司效益不好、当年无盈利的错觉，对于稳定公司股票价格不利。

2. 固定股利政策

固定股利政策是指将每年发放的股利固定在某一水平上，并在较长的时期内不变，只有当公司认为未来盈余会显著、不可逆转地增长时，才提高年度股利发放额的政策。不过，在通货膨胀的情况下，大多数公司的盈余会随之提高。而大多数投资者也希望公司能提供足以抵消通货膨胀不利影响的股利，因此在长期通货膨胀的时期内也应提高股利发放额。

由此可知，在这种政策下，股东所分得的是"固定"的股利，体现固定不变的原则。

固定股利政策的优点是：公司可以避免出现由于经营不善而削减股利的情况。具体表现在以下方面。

（1）稳定的股利向市场传递着公司正常发展的信息，有利于树立公司良好形象，稳定股票的价格。

（2）稳定的股利额有利于投资者安排股利收入和支出，而股利忽高忽低的股票，则不受股东的欢迎，股东的心理状态会受到影响，股票价格会因此而下降。

但是，稳定的股利政策可能会使公司推迟某些投资方案或者暂时偏离目标资金结构；

股利的支付与盈余相脱节，当盈余较低时仍要支付固定的股利，这可能导致资金短缺，财务状况恶化。

3. 固定股利支付率政策

固定股利支付率政策是指公司确定一个股利占盈余的比率，长期按此比率支付股利的政策。公司各年的股利额随公司经营的好坏而上下波动，获得较多盈余的年份股利额高，获得盈余少的年份股利额低。

由此可知，在这种政策下，股东所分得的是"波动"的股利，体现水涨船高的原则。

固定股利支付率政策的优点是：能使股利支付与公司盈余紧密地结合，以体现多盈多分、少盈少分、无盈不分的原则，这才是真正公平地对待了每一位股东。但是，在这种政策下，各年的股利变动较大，极易造成公司经营不稳定的感觉，对稳定股票价格不利。

4. 低正常股利加额外股利政策

低正常股利加额外股利政策是指公司一般情况下每年只支付固定的数额较低的股利，在盈余多的年份，再根据实际情况向股东发放额外股利的政策。但额外股利不固定化，并不意味着公司永久地提高了规定的股利率。

由此可知，在这种政策下，股东所分得的是"低固定加额外"的股利，体现稳健加灵活的原则。

低正常股利加额外股利政策的优点有以下两个方面。

（1）这种股利政策使公司具有较大的灵活性。当公司盈余较少或投资需用较多资金时，可维持设定的较低但正常的股利，股东不会有股利跌落感；而当盈余有较大幅度增加时，则可适度增发股利，把经济繁荣的部分利益分配给股东，使他们增强对公司的信心，这有利于稳定股票的价格。

（2）这种股利政策可使股东每年至少可以得到虽然较低，但比较稳定的股利收入。但是这种政策会使投资者产生错觉，造成额外股利也是正常股利的误判。

上述四种股利分配政策，各有其优点和不足。公司在分配股利时应借鉴其基本的原则，制定适合于公司实际情况的股利分配政策。

二、股利支付

（一）股利支付程序

1. 决策程序

上市公司股利分配的基本程序是：首先，由公司董事会根据公司盈利水平和股利政策，制定股利分配方案，提交股东大会审议，通过后方可生效。在经过上述决策程序之后，公司方可对外发布股利分配公告，具体实施分配方案，在规定的股利发放日以约定的支付方式派发。我国股利分配决策权属于股东大会。我国上市公司的现金分红一般是按年度进行，也可以进行中期现金分红。

2. 分配信息披露

根据有关规定，股份有限公司利润分配方案、公积金转增股本方案须经股东大会批准，董事会应在股东大会召开后 2 个月内完成股利派发或股份转增事项。在此期间，董事会必须对外发布股利分配公告，以确定该分配的具体程序和时间安排。

股利分配公告一般在股权登记日前 3 个工作日发布。如果公司股东较少，股票交易又不活跃，公告日可以与股利支付日在同一天。公告内容包括以下几项。

（1）利润分配方案。

（2）股利分配对象，为股权登记日当日登记在册的全体股东。

（3）股利发放方法。我国上市公司的股利分配程序应当按登记的证券交易所的具体规定进行。

3. 股利支付过程中的重要日期

股份有限公司向股东支付股利，要经过几个重要的日期，依次为：股利宣告日、股权登记日、除息日和股利支付日。

（1）股利宣告日，公司董事会将股东大会通过本年度利润分配方案的情况以及股利支付情况予以公告的日期。公告中将宣布每股派发股利、股权登记日、除息日、股利支付日以及派发对象等事项。

（2）股权登记日，有权领取本期股利的股东资格登记截止日期。凡是在股权登记日这一天登记在册的股东（在此日及之前持有或买入股票的股东）才有资格领取本期股利，而在这天之后登记在册的股东，即使是在股利支付日之前买入的股票，也无权领取本期分配的股利。此外，我国部分上市公司在进行利润分配时除了分派现金股利以外，还伴随着送股或转增股，在股权登记日这一天仍持有或买进该公司的股票的投资者是可以享有此次分红、送股或转增股的股东，这部分股东名册由证券登记公司统计在案，届时将应支付的现金红利、应送的红股或转增股划到这部分股东的账上。

（3）除息日：也称"除权日"。除息日是指股利所有权与股票本身分离的日期，将股票中含有的股利分配权予以解除，即在除息日当日及以后买入的股票不再享有本次股利分配的权利。我国上市公司的除息日通常是在股权登记日的下一个交易日。由于在除息日之前的股票价格中包含了本次派发的股利，即股权登记日及以前的股票价格中包含本次派发的股利，所以通常股权登记日这天股票的价格（含权价格）较高，而自除息日起的股票价格中不包含本次派发的股利，除息日的股票价格（除权价）理论上应该低于股权登记日的价格。通常经过除权调整上市公司每股股票对应的价值，以便投资者对股价进行对比分析。

（4）股利支付日：是公司确定的向股东正式发放股利的日期。公司通过资金清算系统或其他方式将股利支付给股东。其实，现金股利由上市公司于股权登记日前就划入交易所账户了。交易所根据股权登记日收盘后股东持股情况将资金划入各托管证券经营机构账户，托管证券经营机构再把资金划入股东资金账户。所以现金股利在股权登记日后是需要几天时间统计和划拨的，不是在除息日到账。

（二）股利支付的多种方式

股利支付方式有多种，常见的有以下四种。

1. 现金股利

现金股利是以现金支付的股利，它是股利支付的主要方式。公司支付现金股利除了要有累积盈余（特殊情况下可用弥补亏损后的盈余公积支付），还要有足够的现金，因此公司在支付现金股利前需筹备充足的现金。

2. 股票股利

股票股利是公司以增发的股票作为股利的支付方式。在我国上市公司股利分配实践中，现金股利、股票股利或两者的结合是常见的股利支付方式。

3. 财产股利

财产股利是以现金以外的资产支付的股利，主要是以公司所拥有的其他企业的有价证券，如债券、股票，作为股利支付给股东。

4. 负债股利

负债股利是公司以负债支付的股利，通常以公司的应付票据支付给股东，不得已情况下也有发行公司债券抵付股利的。财产股利和负债股利实际上是现金股利的替代。这两种股利方式目前在我国公司实务中很少使用，但并非法律所禁止。

第五章 财务管理的内容拓展

第一节 财务预算

一、财务预算及其作用表现

全面预算就是企业未来一定期间内全部经营活动各项具体目标的计划与相应措施的数量说明，具体包括日常业务预算、专门决策预算和财务预算三大类内容。[①] 其中，财务预算是一系列专门反映企业未来一定预算期内预计财务状况和经营成果，以及现金收支等价值指标的各种预算总称，具体包括反映现金收支活动的现金预算、反映企业财务成果的预计利润表、反映企业财务状况的预计资产负债表等内容。

财务预算是企业全面预算体系中的组成部分，它在全面预算体系中具有重要的作用，主要表现在以下三个方面。

第一，财务预算使决策目标具体化、系统化和定量化。在现代企业财务管理中，财务预算必须服从决策目标的要求，尽量做到全面综合地协调、规划企业内部各部门、各层次的经济关系与职能，使之统一服从于未来经营总体目标的要求。同时，财务预算又能使决策目标具体化、系统化和定量化，能够明确规定企业有关生产经营人员的各自职责及相应的奋斗目标，做到人人事先胸中有数。

第二，财务预算是总预算，其余预算是辅助预算。财务预算作为全面预算体系中的最后环节，可以从价值方面总括地反映企业经营决策预算与业务预算的结果，使预算执行情况一目了然。

第三，财务预算有助于财务目标的顺利实现。通过财务预算，可以建立评价企业财务状况的标准，以预算数作为标准的依据，将实际数与预算数对比，及时发现问题以及调整偏差，使企业的经济活动按预定的计划进行，从而实现企业的财务目标。

---

① 刘胜军. 企业财务管理 [M]. 哈尔滨：哈尔滨工程大学出版社，2015：7.

编制财务预算，并建立相应的预算管理制度，可以指导与控制企业的财务活动，提高预见性，减少盲目性，使企业的财务活动有条不紊地进行。

二、财务预算的编制方法

（一）固定预算与弹性预算

1. 固定预算

固定预算又称为"静态预算"，是把企业预算期的业务量固定在某一预计水平上，以此为基础来确定其他项目预计数的预算方法。也就是说，预算期内编制财务预算所依据的成本费用和利润信息都只是在一个预定的业务量水平的基础上确定的。显然，以未来固定不变的业务水平所编制的预算赖以存在的前提条件，必须是预计业务量与实际业务量相一致（或相差很小）时才比较适合。但是，在实际工作中，预计业务量与实际水平相差比较远时，必然导致有关成本费用及利润的实际水平与预算水平因基础不同而失去可比性，不利于开展控制与考核工作。

2. 弹性预算

弹性预算是固定预算的相对面，关键在于把所有的成本按其性态划分为变动成本与固定成本两大部分。在编制预算时，变动成本随业务量的变动而予以增减，固定成本则在相关的业务量范围内稳定不变。变动成本和固定成本分别按一系列可能达到的预计业务量水平编制能适应企业在预算期内任何生产经营水平的预算。由于这种预算是随着业务量的变动作机动调整，适用面广，具有弹性，故称为"弹性预算"或"变动预算"。

由于未来业务量的变动会影响到成本费用和利润各个方面，因此从理论上讲，弹性预算适用于全面预算中与业务量有关的各种预算。但从实用角度看，弹性预算主要用于编制制造费用、销售及管理费用等半变动成本（费用）的预算和利润预算。

制造费用与销售及管理费用的弹性预算，均可按下列弹性预算公式进行计算：

$$成本的弹性预算 = 固定成本预算数 + \sum (单位变动成本预算数 \times 预计业务量)$$

但两者略有区别，制造费用的弹性预算是按照生产业务量（生产量、机器工作小时等）来编制的，销售及管理费用的弹性预算是按照销售业务量（销售量、销售收入）来编制的。

成本的弹性预算编制出来以后，就可以编制利润的弹性预算。它是以预算的各种销售收入为出发点，按照成本的形态，扣减相应的成本，从而反映企业预算期内各种业务量水平上应该获得的利润指标。

弹性预算的优点在于：一方面能够适应不同经营活动情况的变化，扩大了预算的适用范围，更好地发挥预算的控制作用；另一方面能够对预算的实际执行情况进行评价与考核，使预算能真正为企业经营活动服务。

（二）定期预算与滚动预算

1. 定期预算

定期预算就是以会计年度为单位编制的各类预算。这种定期预算有以下三大缺点：第一，盲目性。因为定期预算多在其执行年度开始前两三个月进行，难以预测预算期后期情况，特别是在多变的市场环境下，许多数据资料只能估计，具有盲目性。第二，不变性。预算执行中，许多不测因素会妨碍预算的指导功能，甚至使之失去作用，而预算在实施过程中又往往不能进行调整。第三，间断性。预算的连续性差，定期预算只考虑一个会计年度的经营活动，即使年中修订的预算也只是针对剩余的预算期，对下一个会计年度很少考虑，形成人为的预算间断。

2. 滚动预算

滚动预算又称"永续预算"，其主要特点是不将预算期与会计年度挂钩，而始终保持十二个月，每过去一个月，就根据新的情况进行调整和修订后几个月的预算，并在原预算基础上增补下一个月预算，从而逐期向后滚动，连续不断地以预算形式规划未来经营活动。这种预算要求一年中前几个月的预算要详细完整，后几个月可以粗略一些。随着时间的推移，原来较粗的预算逐渐由粗变细，后面随之又补充新的较粗的预算，以此不断滚动。

滚动预算可以保持预算的连续性和完整性。企业的生产经营活动是连续不断的，因此，企业的预算也应该全面地反映这一延续不断的过程，使预算方法与生产经营过程相适应，同时，企业的生产经营活动是复杂的，而滚动预算便于随时修订预算，确保企业经营管理工作秩序的稳定性，充分发挥预算的指导与控制作用。滚动预算能克服传统定期预算的盲目性、不变性和间断性，从这个意义上说，编制预算已不再仅仅是每年年末才开展的工作，而是与日常管理密切结合的一项措施。当然，由于滚动预算采用按月滚动的方法，所以预算编制工作比较重，因此，也可以采用按季度滚动来编制预算。

（三）增量预算与零基预算

1. 增量预算

增量预算是指在基期成本费用水平的基础上，结合预算期业务量水平及有关低成本的措施，通过调整有关原有成本费用项目而编制预算的方法。这种预算方法比较简单，但它是以过去的水平为基础，实际上就是承认过去是合理的，无须改进。因此，往往不加分析地保留或接受原有成本项目，或按主观臆断平均削减，或只增不减，这样容易造成预算的不足，或者安于现状，造成预算不合理的开支。

2. 零基预算

零基预算，或称"零底预算"，是指在编制预算时，对于所有的预算支出均以零为基础，不考虑其以往情况如何，从实际需要与可能出发，研究分析各项预算费用开支是否必要、合理，进行综合平衡，从而确定预算费用。这种预算不以历史为基础修修补补，而是以零为出发点，一切推倒重来。

零基预算编制的程序如下：首先，根据企业在预算期内的总体目标，对每一项业务说明其性质、目的，以零为基础，详细提出各项业务所需要的开支或费用；其次，按"成本—效益"分析方法比较分析每一项预算费用是否必要、能否避免，以及它所产生的效益，以便区别对待；最后，对不可避免的费用项目优先分配资金，对可延缓成本则根据可动用资金情况，按轻重缓急，以及每个项目所需的经费分成等级，逐项下达费用预算。

零基预算的优点是不受现有条条框框的限制，对一切费用都以零为出发点，这样不仅能压缩资金开支，而且能切实做到把有限的资金用在最需要的地方，从而调动各部门人员的积极性和创造性，量力而行，合理使用资金，提高效益。其缺点是由于一切支出均以零为起点进行分析、研究，势必带来繁重的工作量，有时甚至得不偿失，难以突出重点。为了弥补零基预算这一缺点，企业不是每年都按零基预算来编制预算的，而是每隔若干年进行一次零基预算，以后几年内略作适当调整，这样既减轻了预算编制的工作量，又能适当控制费用预算。

第二节　财务控制

一、财务控制的意义

财务控制是按照一定的程序与方法，确保企业及其内部机构和人员全面落实和实现财务预算的过程。财务控制是财务管理的重要环节，与财务预测、财务决策、财务分析与评价一起构成财务管理系统。[①] 财务预测、财务决策和财务分析可以为财务控制指明方向、提供依据和规划措施；财务控制可以确保有关财务目标和规划得以落实。

财务控制是企业内部控制的一个重要子系统，是内部控制系统的核心组成部分，是内部控制系统在资金和价值方面的体现。财务控制在企业的内部控制系统中，能起到保证、促进、监督和协调的作用，是最具有连续性、系统性和综合性的控制子系统。财务控制是实现和执行财务计划或预算的基本手段，是实现财务管理目标的决定因素。

日常的财务活动过程表现为组织现金流量的过程。财务预算中包括的现金预算、预计利润表、预计资产负债表等，都是通过价值形式来反映的。财务控制采用价值形式作为控制手段，可以将不同岗位、不同部门、不同层次的业务活动综合起来成为控制对象，从而达到实现财务预算的目标。

二、财务控制的类别划分

（一）按照控制的时间分类

按照控制时间的不同，财务控制可分为事前财务控制、事中财务控制和事后财务控制。

所谓"事前财务控制"，是指在某项财务活动发生之前，按照既定的程序对其正确性、合理性、合法性加以核准并确定是否让其发生所进行的控制，如企业的授权审批制度、内部牵制制度、费用报销制度、产品成本定额控制等。

所谓"事中财务控制"，是指在某项财务活动发展过程中所进行的控制，用于防止实际收支与预算之间的偏差，如账实盘点、往来账清查等。

所谓"事后财务控制"，是指对财务活动的结果进行的分析、评价和奖惩。例如，在每个会计期间或每项重大经济活动完成之后，内部审计监督部门都应按照有效的监督程序，审计各项经济业务活动，及时发现内部控制的漏洞和薄弱环节。

（二）按照控制的主体分类

按照控制电体的不同，财务控制可分为出资者的财务控制、经营者的财务控制和财务部门本身的控制。

出资者的财务控制，是指在现代公司制度下由于企业所有权和经营权的分离，为确保

---

① 王玲. 财务管理［M］. 上海：上海财经大学出版社，2017：169.

出资者资本的保值、增值及收益分配的实现，出资者通过行使财务监控权来约束经营者的财务行为的控制方式。例如：控制防止所有权稀释的筹资决策；控制保护出资人权益的对外投资决策；控制企业合并、分立、清算的资本变动决策；控制追求资本增值的利益分配决策。

经营者的财务控制，是指经营者为了实现财务预算目标而对企业及各责任中心的财务活动进行的控制。经营者全方位负责财务决策与控制，从本质上决定了公司的财务状况。例如制定财务战略、批准有效的财务预测、向股东大会报告财务状况、聘任和解聘财务部经理、组织协调财务关系等。

财务部门本身的控制主要包括两个方面：一是负责企业日常账务的处理，保证财务的准确、及时和连贯；二是制定和完善企业内部的财务制度，规范企业内部的财务行为，开展财务分析，实施企业内部的财务监控职能。

(三) 按照控制的依据分类

按照控制依据的不同，财务控制可分为具有激励性的预算控制和具有防护性的制度控制。

预算控制是指以财务预算为依据，对预算执行主体的财务收支活动进行监督、调整的一种控制形式。预算控制能够使决策目标具体化、系统化、定量化，能够明确规定企业有关生产经营人员各自的职责及相应的奋斗目标，其量化指标可以作为日常控制和考核的依据。预算控制以目标为导向，由于实现目标能够获得相应的奖励，因此具有激励性。

制度控制是指通过制定企业内部会计控制制度和有关的规章制度，并以此为依据对企业的财务收支活动进行的一种控制形式。制度控制通常规定能做什么、不能做什么，此具有防护性特征。

(四) 按照控制的对象分类

按照控制对象的不同，财务控制可分为收支控制和现金控制。

收支控制是指通过制定收支管理制度，以降低成本、减少支出，从而实现利润最大化的控制行为。

现金控制是指通过控制现金流量以确保现金流入与流出的基本平衡，避免现金短缺或沉淀的控制行为。

(五) 按照控制的手段分类

按照控制手段的不同，财务控制可分为缺乏弹性的定额控制和具有弹性的定率控制。

定额控制也称为"绝对控制",是指对企业的财务指标采用绝对数进行控制。一般而言,对激励性控制指标要确定最低控制标准,如利润指标,对约束性控制指标要确定最高控制标准,如成本、费用等。定额控制缺乏弹性。

定率控制也称"相对控制",是指对企业的财务指标采用相对比率进行控制,如成本费用利润率、总资产净利率。一般而言,定率控制既考虑投入,又考虑支出,要求开源与节流并重。定率控制具有弹性。

(六) 按照控制的内容分类

按照控制内容的不同,财务控制可分为一般控制和应用控制。

一般控制是指对企业财务活动赖以进行的内部环境所实施的总体控制,包括组织控制、人员控制、财务预算、业绩评价、财务记录等各项内容。

应用控制是指作用于企业财务活动的具体控制,包括业务处理程序中的批准与授权、审核与复核,以及为保证资产安全而采取的限制措施等控制。

(七) 按照控制的功能分类

按控制功能的不同,财务控制可分为预防性控制、侦查性控制、纠正性控制、指导性控制和补偿性控制。

预防性控制是指为了防范风险、错弊和非法行为的发生,或减少其发生机会所进行的控制。

侦查性控制是指为了及时识别已经存在的风险、已经发生的错弊和非法行为,或增强识别能力所进行的控制。

纠正性控制是指对那些通过侦查性控制查出来的问题所进行的调整和纠正。

指导性控制是指为了实现有利的结果而进行的控制。

补偿性控制是指针对某些环节的不足或缺陷而采取的控制措施。

第三节　财务分析

一、财务分析的概述

财务分析是一个完整的体系,将财务分析仅仅理解为会计报表分析,是对财务分析的狭义理解，财务分析分析内容涉及企业的各个方面，其分析方法和分析指标适用于任何企业及企业内的各个部门，只是不同的企业和部门应充分注重其特殊性和适用性。广义财务分析应包括企业一般的和具体的、整体的和部门的、内部的和外部的、目前的和未来的、价值的和非价值的各种与企业经营和投资的过去、现在和未来财务状况相关的各项分析内容。

通过上述分析，可以将财务分析的基本概念这样概括：财务分析是根据企业的经营和财务等各方面的资料，运用一定的分析方法和技术，有效地寻求企业的经营和财务状况变化的原因，正确地解答有关问题的过程。财务分析的职能是：评价企业以往的经营业绩，衡量企业现在的财务状况，预测企业未来的发展趋势，为企业正确的经营和财务决策提供依据。例如：为什么有时企业销售情况良好，但利润增长却十分缓慢；为什么企业利润状况不错，但现金流量却不理想；什么原因造成企业的成本费用急剧上升，或负债比例持续居高不下；等等。都可以通过财务分析来进行解答。

（一）财务分析的意义

财务分析对企业各方面关系利益者都具有重要意义，无论是企业的投资者、经营者或债权人等，都十分关心财务分析的结果。不同财务信息使用者所注重的财务分析的结论是不同的，所以他们对财务分析提出的要求也是有区别的，这就必然决定了企业财务分析对于不同的信息使用者具有不同的意义。

从投资者角度看，一般来讲，投资者最注重的是企业的投资回报率水平，同时也十分关注企业的风险程度，不但要求了解企业的短期盈利能力，而且要考虑企业长期的发展潜力。所以，企业财务分析对投资者具有十分重要的意义。它不但说明企业的财务目标是否最大限度地实现，也为投资者作继续投资、追加投资、转移投资或抽回投资等决策提供最重要的信息。如果是上市公司，作为投资者的股东，还要了解公司每年的股利的盈利和风险的分析信息，更要求能获得各期动态分析的信息，因为这对投资决策更有价值。

从债权者角度看，债权人更多地关心企业的偿债能力，关心企业的资本结构和负债比例以及企业长短期负债的比例是否恰当。一般来讲，短期的债权人更多地注重企业各项流动比率所反映出来的短期偿债能力。而长期债权人则会更多地考虑企业的经营方针、投资方向及项目性质等所包含的企业潜在财务风险和偿债能力；同时，长期债权人也要求了解企业的长期经营方针和发展实力以及是否具有稳定的盈利水平，因为这是对企业持续偿债能力的基本保证。所有这些都要通过全面的财务分析才能实现，并要提供具有针对性的财务指标及相关信息。

从经营者角度看，财务分析信息对于提高企业内部经营管理水平、制定有效的内外部决策具有重要意义。企业外界的利益者对企业的影响是间接的，而企业经营管理当局能利用财务分析信息并将其马上应用于管理实务，对促进企业各级管理层管理水平的提高至关重要。因此，对应用企业内部管理财务分析信息的要求越具体和深入，越有助于企业的经管当局及时了解企业的经营规划和财务、成本等计划的完成情况，并通过分析各种主、客观原因，及时采取相应的措施，改善各个环节的管理工作。同时，财务分析信息也是企业内部总结工作业绩、考核各部门经营责任完成情况的重要依据。

从政府角度看，对企业有监管职能的主要有工商、税务、财政和审计等政府部门，它们也要通过定期了解企业的财务分析信息，把握和判断企业是否按期依法纳税、有无通过虚假财务报告来偷逃国家税款、各项税目的缴纳是否正确等。同时，国家为维护市场竞争的正常秩序，必然会利用财务分析资料，以此来监督和检查企业在整个经营过程中是否严格地遵循国家规定的各项经济政策、法规和有关制度。

（二）财务分析的目的

财务分析的意义是外在的，是不同财务信息使用者所赋予它的。而财务分析的目的则是内在的，是其本质所具有的。虽然不同人员所关心的问题不同，对财务分析的要求和目的也必然会有差异，但归纳起来，财务分析的基本目的是从各个方面对企业进行一个总体的评价，而其他的作用实际是一种派生的目标。因此，从评价的角度看，财务分析应该具有以下四项基本目的：

一是评价企业财务状况。财务分析应根据财务报表等综合核算资料，对企业整体和各个方面的财务状况作综合和细致的分析，并对企业的财务状况作出评价。财务分析应全面了解企业资产的流动性状态是否正常等，最后说明企业长短期的偿债能力是否充分，从而评价企业的长短期财务风险与经营风险，为企业投资人和管理当局提供有用的决策信息。

二是评价企业资产管理水平。企业资产作为企业生产经营活动的经济资源，其管理效率的高低直接影响企业的盈利能力和偿债能力，也表明了企业综合经营管理水平的好坏。财务分析应对企业资产的占用、配置、利用水平、周转状态和获利能力等做全面且细致的分析。不能只看总体的管理水平，也要看相对的收益能力；不能只看现在的盈利状况，也要看其对企业长远发展的促进作用。

三是评价企业盈利能力。一个企业是否长期具有良好和持续的盈利能力是一个企业综合素质的基本表现。企业要生存和发展，就要求企业必须能获得较高的利润，这样才能在激烈的竞争中立于不败之地。企业的投资者、债权人和经营者都十分关心企业的盈利能力，同时只有盈利能力强的企业才能保持良好的偿债能力。财务分析应从整体、部门和不同项目对企业盈利能力作深入分析和全面评价，不但要看绝对数也应看相对数；还要看目前的盈利水平，还要比较过去和预测未来的盈利水平。

四是评价企业未来发展能力。无论是企业的投资人、债权者或企业管理当局等，都十分关心企业的未来发展能力，因为这不但关系到企业的命运，也直接与他们的切身利益相关。只有通过全面、深入细致的财务分析，才能对企业未来的发展趋势作出正确的评价。在企业财务分析中，应根据企业偿债能力和盈利能力、资产管理质量和成本费用控制水平以及企业其他相关的财务和经营方面的各项资料，对企业中长期的经营前景作合理的预测和正确的评价。这不但能为企业管理当局和投资人等的决策提供重要的依据，而且也能避免由于决策的失误而给企业造成重大损失。

二、财务分析的依据与方法

(一) 财务分析的依据

财务分析的依据也就是财务分析的基础，主要指的是财务分析的各种资料来源。只有基础资料充分、正确和完整，并能有效地按照不同的分析目的进行归类和整理，才能确保财务分析信息的真实、可靠，所以充分正确的财务资料是保证高质量财务分析的重要前提。财务分析基础资料主要有企业的基本财务报表、财务状况说明书、企业内部管理报表、上市公司披露的信息资料、外部评价报告和分析评价标准等。

财务分析需要从大量客观的财务数据中得出结论，主要依据是企业的各种财务报表，其中，最主要的是企业的资产负债表、利润表和现金流量表。

1. 资产负债表

资产负债表是反映企业某一时间段财务状况的会计报表，资产负债表可以看成企业的会计人员在某一特定时点上对企业会计实体的价值所作的一次统计。

资产负债表是一张静态报表，它反映的是报表日企业的财务状况。利用资产负债表的资料，可以分析评价企业资产的分布状况和资金的营运情况是否合理，分析和评价企业的资本结构是否正常。资产负债表分析主要能为我们提供资产的流动性和变现能力、长短期负债结构和偿债能力、权益资本组成和资本结构、企业潜在财务风险等信息。同时，该表也为分析企业盈利能力和资产管理水平、评价企业经营业绩提供了依据。

2. 利润表

利润表是反映企业一定时期经营成果的会计报表，它是一张动态报表，反映了企业整个经营期的盈利或亏损情况。

一般利润表分为四个部分，按照净利润的实现程序依次排列，主要是营业收入、营业利润、利润总额和税后净利润。利润表的最后一项是净利润，对于上市公司而言，净利润常常被表示成每股收益的形式，即每股的净利润是多少。

利润表可以为财务分析提供以下主要资料：反映公司财务成果实现和构成的情况，分析公司的盈利目标是否完成，评价其经营活动的绩效；与资产负债表有关项目进行比较，能计算企业所占与所得、成本费用与所得的比率关系，为投资者分析资本获利的获利能力、为债权人分析债务的安全性、为管理当局分析企业资产利用水平提供资料；能完整地提供企业对外投资等特殊经济事项的盈亏情况。

3. 现金流量表

现金流量表是反映企业一定时期现金流入和现金流出以及现金增减变动原因的会计报表。现金流量表主要包括三部分：企业经营活动产生的现金流量、企业投资活动产生的现金流量、企业筹资活动生产的现金流量，有时也会单列某些如汇率变化等特殊事项引起的现金流量变动。

现金流量表能向财务分析者提供以下主要的分析资料：反映企业各类现金流入和流出的具体构成，说明企业当前现金流量增减变化的原因，为评价企业现金流量状态是否合理、未来是否有良好的赚取现金的能力和偿还债务及支付股利的能力提供依据；同时，该表也提供了本期损益与现金流量比较分析的相关资料以及企业各类相关的理财活动的财务信息。

（二）财务分析的方法

一般来说，财务分析通常包括定性分析和定量分析两种类型。定性分析是指报表分析主体根据自己的知识、经验以及对企业的经营活动、外部环境的了解程度所作出的非量化的分析和评价；而定量分析则是指财务分析主体采用数学方法和分析工具对有关指标所作出的量化分析。财务分析主体应根据分析的目的和要求，以定性分析为基础和前提，以定量分析为工具和手段，要透过数字看本质，正确地评价企业的财务状况和经营成果，由于定性分析更多要靠主观判断，因而应坚持以定量分析为主。

常用的定量分析方法有：比较分析法、比率分析法、因素分析法等。

1. 比较分析法

财务分析的比较法，是对两个或两个以上有关的可比数据来进行对比，揭示差异和矛盾的一种分析方法。比较的标准有：①与本公司历史数据比，即不同时期指标相比，也称"趋势分析"；②与同类公司比，即与行业平均数或竞争对手比较，也称"横向比较"；③与计划预算比，即实际执行结果与计划指标比较，也称"预算差异分析"。由于比较分析法是将两个或两个以上相关可比的经济数据从数量上进行比较来确定差异，因此采用这种比较方式时，要注意指标之间的可比性，计算口径、计算基础和计算期限都应尽可能保持一致。

2．比率分析法

在评价企业历史的盈利能力、偿债能力、现金保障能力及其未来变动趋势时，经常用到比率分析法。通过比率分析法能够反映出会计报表上数据之间的相互关系。这一方法，按照分析的对象不同可以分成三类。

（1）结构比率分析。结构分析，又称"比重比较分析"。它研究的是某一总体中，每一部分占总体结构的比重，用以观察和了解总体内容的构成和变化的影响程度，把握经济事项发展的规律。结构分析可运用于会计报表分析，有时也称"垂直分析"，如总资产的构成和总负债的构成及变化等，也可以运用于利润表的利润总额分析。

（2）相关比率分析。将两个性质不同，但在财务活动中互相关联的指标进行对比，求出的比率即为相关比率。例如，销售利润率是将利润和企业实现的营业收入两个性质不同，但有联系的指标相比而得到的，它能反映企业营业收入的获利水平以及总体盈利的能力。因此，相关比率分析能使我们更深入地认识企业的财务状况。财务分析中运用的销售利润率、负债比率、总资产收益率、流动比率、速动比率等都是相关比率分析。

（3）趋势比率分析。趋势比率分析可以揭示出财务指标的变化及其发展趋势。它是对某项财务指标不同时期的数值进行对比，求出比率。趋势比率主要有两种形式，分别为定基动态比率和环比动态比率。

定基动态比率分析是指基期标准或标准保持不变，而将各期的实际数与其进行持续比较，来揭示经济事项变化规律和发展趋势的方法。

环比动态比率分析是指持续地把某项经济指标的本期实际数与上一期实际数进行比较，不断计算相对于上一期的变动率，以了解该经济事项的连续变化趋势。

在进行趋势比率分析时应注意以下三个问题：一是既可以采用绝对数比较，也可以采用相对数比较；二是用于比较的不同时期的经济指标，在计算口径上应保持一致，以确保分析质量；三是要特别注意一些重大经济事项对不同期财务指标造成的影响。

3．因素分析法

在企业经营活动过程中，各类财务指标具有高度的综合性，一个财务指标变动往往是由于多种因素共同影响的结果。这些因素同方向或反方向地变动对财务指标有着重要的作用。因素分析法是从数值上测定各个相互联系的因素变动对有关财务指标影响程度的一种分析方法。

连环替代法是因素分析法的基本形式。它是根据财务指标构成和不同的分析目标，将各个因素标准连环地用分析值替代，计算出各因素变动对整个财务指标影响程度的方法。

我们在运用因素分析法时，要注意其顺序性和假定性。各因素变动替代的顺序不同，计算的各项影响额也不同。此外，在分析时，研究某因素变动的影响，是假设其他因素不变，因此分析结果具有假定性。

第六章　内部控制与财务管理的关系解读

第一节　内部控制的基础知识理解

一、内部控制的概念及目标

根据 2008 年 6 月 28 日五部委颁布的《企业内部控制基本规范》的规定，内部控制是指由企业董事会、监事会、经理层和全体员工实施的，旨在实现控制目标的过程。

这个概念强调了内部控制的实质是一种"过程"，是实现目标的手段。这个过程有三层基本含义：第一，是指企业生产经营管理活动的全过程；第二，是指企业实施风险控制的全过程；第三，是指信息采集传递、财务报告编制及披露等实施的全过程。这个过程是受"人"影响的动态过程，是由企业董事会、监事会、经理层和全体员工执行，涉及企业经营管理的各个层级、各个方面和各项业务环节，具有全面、全员和全过程的特征。[①]

按照《企业内部控制基本规范》的内容，内部控制的目标是合理保证企业经营管理遵循国家法律法规和有关监管要求、资产的安全完整、财务报告及管理信息的真实可靠和完整、提高企业的经营效率和效果、促进企业实现发展战略。具体可以分为战略目标、经营目标、报告目标、资产安全目标和合规目标，它们共同构成了内部控制目标体系不可或缺的一部分。

（一）战略目标

内部控制的战略目标，是内部控制目标体系中最高层次的目标，其他目标都应建立在战略目标的基础上，并为战略目标服务。企业也日益意识到构建内部控制体系的目标，不再局限于满足监管部门对于信息提供和披露方面的需求，更重要的是，要发挥内部控制制度对实现组织目标、提升企业经营效果和效率的重大作用。战略目标要求企业将短期利益

[①]　夏宁. 内部控制学 [M]. 上海：立信会计出版社，2018：7.

与长远利益相结合，从战略的高度对企业进行管理，保证企业能够持续稳定地发展，提升企业的整体价值。

（二）经营目标

内部控制的经营目标，是企业实现战略目标的核心和关键。战略目标是与企业使命有关的总括性目标，它的实现需要通过将其分解和细化为经营目标，没有经营目标，战略目标制定得再好也没有任何意义。

经营目标，是指通过合理的内部控制，提高企业的效率和效益，主要通过以下三个方式提高。

第一，内部控制要求组织各岗位分工明确、权责清晰，组织结构精简高效，使各部门和人员密切配合，沟通顺畅，提升经营效率和绩效。

第二，内部控制要求企业有及时有效的信息和沟通机制，能够保证相关信息准确、及时地在企业内部各层级之间传递，从而提高经济决策和反映效率。

第三，内部控制有着与岗位职责相一致的业绩考评制度，旨在对员工的绩效进行清楚的掌握和评估，根据不同的绩效而作出不同的奖励或惩罚措施，以此达到激励的效果。

企业应根据自身所处的内外部环境的不同，建立、健全有效的内部控制，提高企业的经营效率和效益。

（三）报告目标

企业报告包括对内报告和对外报告。如果说战略目标和经营目标是从企业自身的视角提出的，那么报告目标则更多地服务于企业外部的需求。财务报告是外部使用者了解企业财务状况和经营成果的重要方式，而真实可靠的财务报告有利于企业的管理者、投资人、债权人等相关信息使用者进行决策。

内部控制的报告目标，是指通过有效的内部控制，对财务报告及管理信息的真实性、可靠性和完整性提供合理保证。为了达到财务报告的真实性、可靠性和完整性的目标，内部控制在运行过程中必须达到以下几个要求。

第一，保证财务报告的编制符合会计准则和相关会计制度的规定。

第二，保证所有交易和事项都能够在正确的会计期间被及时地记录于适当的账户。

第三，保证定期核对账面资产与实物资产。

第四，保证会计信息经过有关人员复核，保证会计信息的真实、准确，并确认有关记录正确无误。

企业应当严格执行会计法律法规和国家统一的会计准则制度，注重对财务报告编制、对外提供和分析利用全过程的管理，明确相关工作流程和要求，落实责任制，确保财务报告的合法合规、真实完整和有效利用。

（四）资产安全目标

内部控制的资产安全目标，是指通过合理的内部控制，保证资产的安全、完整。内部控制想要实现这一目标，必须达到如下要求。

第一，资产的记录与保管一定要彻底分开。

第二，对任何资产的任何方式的流动都必须进行详细的记录。

第三，需要建立完善的资产管理制度，包括岗位职责制度、惩罚制度以及激励制度等。

第四，需要对资产进行定期和不定期的盘点，并确保资产的账面记录与实有数量一致。COSO委员会（美国反虚假财务报告委员会）在《企业风险管理控制框架》中将内部控制目标定位为战略目标、经营目标、报告目标以及合规目标四类。而我国的《企业内部控制基本规范》重新将资产安全目标作为内部控制目标之一是有其实际意义的。我国作为一个产权多元化的国家，保护资产安全与完整是我们义不容辞的责任，但我国国有资产流失现象严重，所以资产安全对资产所有者而言有十分重要的现实意义。

（五）合规目标

内部控制的合规目标，是指企业在经营管理过程中贯彻执行国家的政策和法律法规、各经济发展时期的方针政策以及在此基础上建立的企业的方针与计划，保证企业经营管理目标的实现，提高企业的经济效益。

通过有效的内部控制，保证企业在遵守相关法律法规的前提下，能够做到保证企业资产的安全完整，保证财务报告及其他信息的真实可靠，提升企业的经营效益和效率，从而实现其战略目标。

二、内部控制的基本原则

内部控制的基本原则是企业建立和实施内部控制都应遵循的具有普遍性和指导性的法则及原则，具体包括全面性原则、重要性原则、制衡性原则、适应性原则和成本效益原则五个方面。

（一）全面性原则

内部控制的全面性原则是指内部控制应当贯穿决策、执行、监督、反馈等各个环节，覆盖企业及其所属单位的各项业务和管理活动，包括内部控制设计的全面性和实施过程中的全面性。内部控制设计的全面性是指企业在内部控制制度设计过程中要考虑与企业运行相关的各个方面，避免内部控制出现空白和漏洞。它既要包括与内部控制直接相关的一系列业务流程，也要包括组织架构、人力资源、发展战略、企业文化和社会责任等非财务因素的企业层次内部控制。内部控制实施过程中的全面性是在内部控制制度运行过程中要全面推行，而不是部分推行。内部控制是一个有机整体，是一项系统工程，需要企业董事会、管理层及全体员工共同参与并承担相应的职责，而不仅是部分职能部门参与。

（二）重要性原则

内部控制的重要性原则是指内部控制应当在兼顾全面的基础上突出重点，针对重要业务与事项、高风险领域与环节采取更为严格的控制措施，确保不存在重大缺陷。在实务中对重要性原则一般从业务事项的数量因素和性质因素两方面来考虑。企业在内部控制过程中作出重要性判断时，通常会运用重要性水平，这是作重要性判断时必须考虑的数量因素，通常用某个基数的一定比例来表示，如资产、收入或净利润的百分比等。在业务事项的性质方面，如果某一笔经济业务性质特殊，不单独披露就会影响使用者作出判断，甚至会导致遗漏重要事实，不利于所有者以及其他利益相关者对企业的实际情况作出正确认识，就应当严格核算，单独反映，重点提示，从而确保经济业务活动安全和有效运行。

（三）制衡性原则

内部控制的制衡性原则是指企业的内部机构、岗位设置和权责分配应当科学合理并符合内部控制的基本要求，确保不同部门、岗位之间权责分明并相互制约、相互监督。企业应当科学界定决策、管理、执行、监督各层面的地位、职责与任务，形成有效的分工和制衡机制，切实发挥相关机构的职能作用，为企业内部控制的建立和实施提供强有力的组织结构保障和工作机制保障。履行内部控制监督检查职责的部门应当具有良好的独立性。任何人不得拥有凌驾于内部控制之上的特殊权力。

（四）适应性原则

内部控制的适应性原则是指内部控制应当合理体现企业经营规模、业务范围、业务特点、风险状况以及所处具体环境等方面的要求，并随着企业外部环境的变化、经营业务的调整、管理要求的提高等不断改进和完善。适应性原则要求内部控制的设计必须与我国企业所处的具体环境相协调，必须与国家有关法律、法规相协调，必须与企业经营管理实践相协调。同时，企业应当建立畅通的信息与沟通渠道及合理的监督机制，适时地对企业的内部控制进行评估，发掘潜在的问题并采取相应的措施。

（五）成本效益原则

内部控制的成本效益原则是指内部控制应当在保证内部控制有效性的前提下，合理权衡成本与效益的关系，争取以合理的成本实现更为有效的控制。这就要求企业在资源有限的情况下，必须结合实际情况、抓住重点，将控制成本花费在会对企业经营成果甚至企业成败有重大影响的环节，保证内部控制精简高效。在内部控制的设计中，如果片面强调内部控制的完整性，直接借鉴成熟企业现成的内部控制制度，反而会严重脱离企业实际，不但会在一定程度上降低企业的经营管理的效率，甚至还可能给企业造成一定程度的损失。

总之，企业应当遵照内部控制的上述基本原则，将内部控制的基本要素与企业内部的各个层级、各项业务和各个环节有机结合，以确保有效实现内部控制的基本目标。

三、内部控制的局限性

内部控制不是万能的，并不是有了内部控制就可以规避所有的经营风险，高枕无忧，企业也不一定会持续稳定地发展。健全内部控制体系只是企业持续发展的必要条件，就算企业有健全的内部控制体系，也不能百分之百保证企业持续健康发展。但如果内部控制缺失，企业一定不会健康发展。内部控制无论在多大程度上有效，都只能为被审计单位实现财务报告目标提供合理保证。内部控制实现目标的可能性受其固有限制的影响，再加上经济环境的变化和人为因素的影响，内部控制体系必然存在局限性。

（一）成本限制

内部控制的设计和实施要受企业人力、物力、财力等各方面的影响和制约，同时由于企业资源有限，内部控制受到成本效益原则的制约，不可能对所有的经济业务实施内部控制，这就要求管理层在设计和实施某项内部控制时要权衡内部控制的利弊得失，同时实现内部控制的有效和高效。

（二）人员素质

内部控制在贯彻决策、执行、监督、反馈等各个环节都会受到人员素质的影响。内部控制的决策会因领导层的人为判断失误而失效；内部控制的设计会因设计人员的能力、工作经验的限制存在缺陷；同时，内部控制的实施也可能由于执行人员的自身能力或外部原因、状态不佳等情形而失效。

（三）滥用职权

内部控制作为企业管理的一种手段和工具，势必会按照管理人员的计划和方法运行。但任何控制程序都不能避免负责执行和监督控制的管理人员的自身舞弊行为的发生。许多重大舞弊发生和财务报告失真的一个重要原因就是管理层的干预。一旦有担任具有控制职能职位的管理人员滥用职权、权责不当的类似情形发生时，那么即使内部控制的设计是科学合理的，它的执行也是无效的。

（四）串通舞弊

内部控制制度要想达到控制目的，其前提是公司员工遵守公司章程，按规定办事，但当员工合伙舞弊或内外串通共谋时，内部控制也是无效的。例如，当保管员和财产记录人员合伙作假窃取公司财产，出纳和会计合伙非法挪用公司资金，业务人员同顾客、采购人员同供应商串谋时，无论多么完善的控制制度都难以防范舞弊行为的发生。

企业应当建立反舞弊机制，坚持惩防并举、重在预防的原则，明确反舞弊工作的重点领域、关键环节和有关机构在反舞弊工作中的职责权限，规范舞弊案件的举报、调查、处理、报告和补救程序。

企业至少应当将下列情形作为反舞弊工作的重点。

第一，未经授权或者采取其他不法方式侵占、挪用企业资产，谋取不当利益。

第二，在财务报告和信息披露等方面存在的虚假记载、误导性陈述或者重大遗漏等。

第三，董事、监事、经理及其他高级管理人员滥用职权。

第四，相关机构或人员串通舞弊。

（五）非经常性事项

内部控制一般针对经常或重复发生的常规业务而设计。因而一旦发生异常或未预计的经济业务，有可能因企业内外环境的变化、不正常的业务类型或特殊的业务性质而影响内部控制自身的有效性。

第二节　内部控制在财务管理中的主要作用

一、内部控制在企业财务管理中的相关作用

（一）内部控制有助于财务管理机制的有效运行

财务管理涉及企业的一切经济活动。因此，企业在实际经营管理工作开展的过程中，要通过财务管理内部控制工作，对相关部门进行有效协调，促进财务管理机制良好运行，进而为财务信息的有效性和可靠性提供有效的保障，为企业经济活动的顺利有效开展奠定良好的基础。

（二）内部控制有助于降低企业经营成本

通过有效的内部控制，可以对企业的财务管理行为全面监督，对企业活动有效规范，促进企业财务管理工作更加规范、更加严谨。为企业节省一定的经营成本，避免实际支出超出预算情况的发生，对企业成本进行科学合理的控制，达到开源节流的目的。

（三）内部控制有助于规避企业财务风险

企业经营管理工作涉及经济活动比较繁杂，而经济活动中往往会存在一定的财务风险。开展财务内控工作的目的就是对财务风险进行有效防范。一般企业的财务风险贯穿到企业财务管理的全过程中，企业通过财务内控措施的落实，可以对相关的财务管理行为进行全面检验和监督，对财务风险因素以及财务管理漏洞及时有效识别和发现，以此为导向对财务决策进行科学制定，进而实现企业财务风险的有效规避，有助于企业健康发展。

（四）内部控制有助于企业资源的合理配置

企业要求得稳定发展，不断提升自身在市场上的核心竞争力，就需要不断强化自身在财务管理方面的能力，实现企业资源的合理配置，达到物尽其用的目的。企业开展有效的财务管理内部控制工作可以对相关的资源配置动向进行准确掌握，对资金流向有效明确，实现企业资金的全面有效控制，进而对企业资源配置结构进行更好的优化，促进企业达到业财融合，提高企业资金的利用率，最大限度地避免公款挪用情况的发生，为企业的长

远、稳定、持续、发展奠定良好的基础。

二、财务内部控制财务管理功能的实现

（一）准确设定企业财务管理功能目标

企业在开展财务管理工作的过程中无法准确确定财务风险发生的概率。因此，企业在开展内部控制工作以及财务管理工作的过程中要具有明确的方向。[①] 如果企业在发展和管理的过程中出现了一定的财务风险，不仅对相关的损失很难进行控制，也不能精准地计算损失的情况。一般企业在发展过程中会受到来自各方面因素的影响，实现对财务风险的全面有效的控制以及对财务风险的有效预测就必须要对目标维度进行有效明确。企业要根据自身的发展目标对财务风险的防控流程进行全面有效制定，针对财务危机进行有效预警，并从战略角度思考对控制方向进行科学合理的确立，确保财务危机预警与企业经营发展目标相一致，再进一步细化目标控制。企业要结合发展目标开展财务防控工作，从全局出发对管控目标进行合理设计，将管控目标与企业发展战略有效关联起来，确保各项防控措施在落实的过程中能够达到同步协调性。以企业现实条件为依据对功能目标进行有效确定，让财务风险的防控体系贯穿到企业发展管理的全过程中，有效实现财务管理功能。

（二）对财务管理的功能进行有效明确

企业要根据资金的使用条件对财务管理体系进行有效设计，并根据执行维度对财务部管理的内部控制不断强化。资金是企业获得可持续发展的重要保障，然而资金也是财务风险发展的主要根源。企业在财务管理过程中要加强对现金流量的管理力度，对财务管控的整体性进行充分考虑，充分体现财务管理的核心因素。现代企业为了提升自身的效益，对于资金流动的管控越来越重视。现金流的管控在财务管理过程中的地位也在不断上升，这不仅为企业资金回笼提供了有效的保障，还可以实现企业成本的有效控制。通过全过程管控工作的有效开展进一步解决了传统管理模式中资金流分散的问题及监管力度不足的问题，为财务管理功能目标的实现奠定了良好的基础。

（三）实现财务管理的风险预警功能

企业内部控制工作在开展过程中要实现运行控制功能，必须不断强化财务危机预警的

---

① 李晓婉. 试析内部控制在企业财务管理中的作用与实践 [J]. 中国集体经济，2023 (14): 118-121.

准确性。对企业财务风险预警控制方式进行有效明确，确保预警信号能够在财务风险来临之前作出正确的提示。因此，企业在开展财务内控管理工作的过程中要突出很强的预期性特征，采取针对性的措施来监管企业财务管理工作，确保企业财务风险能够被提前发现，并且能够准确预警企业在管理过程中存在的一些隐性财务风险，提前做好财务风险的预防工作，从而对财务风险进行全面有效的控制。因此，要实现财务管理的功能，就需要在企业财务管理的过程中确保预警控制要早于财务风险或者与财务风险同步，不断提升企业对于隐性财务风险的控制能力。

综上所述，内部控制在企业财务管理中扮演着至关重要的角色，通过开展有效的企业财务管理内部控制工作，一方面，可以促进财务管理机制有效运行；另一方面，为企业节省一定的经营成本，同时还可以规避企业财务风险，实现企业资源的合理配置。不过目前在企业财务管理中内部控制还需要进行进一步优化，充分发挥内部控制在企业财务管理中的价值和作用，有效提升企业财务管理的整体水平和质量，促进企业持续健康发展。

第三节　内部控制在财务管理中的实践策略

一、不断优化企业财务管理内部控制环境

实现企业财务管理内部控制环境的有效优化，一方面，要科学合理地配置企业财务管理权限。企业的年度决算和年度预算以及企业的战略规划的制定要由最高决策机构来负责，对财务总会计师所具有的职责和权限有效明确和界定，编制企业预算要由预算委员会来负责，并对其进行有效执行和落实。另一方面，要对企业财务管理体制不断完善。企业在开展财务管理工作的过程中可以采用逐级管理模式，促进财务管理向规范化方向发展。通过企业集权化管理工作的开展对企业银行账户管理不断加强，避免在财务管理中出现公款私存的问题，为企业银行账户信息的有效性、真实性和准确性提供有效保障。在企业财务管理体制完善的过程中，还要针对企业的资产处置、预算及资金运作等方面加大管理力度，不断强化企业财务管理的效果。同时还要对企业财务组织机构的工作流程和相关职责有效明确。企业要对自身的财务组织机构不断完善，企业财务中心要对企业整体的财务资产管理全面负责，不仅要负责制订财务计划，编制、组织和实施财务预算，而且还要对财务制度进行制定和落实，不断优化企业资金管理的安全性。此外还要对企业的财务业务流程进行科学合理的构建，为企业资金的安全性提供有效的保障，从而促进企业财务管理效

果得到不断提升。

二、科学构建企业预算管理体系

在企业财务管理工作开展的过程中，企业预算管理作为至关重要的一个环节，需要企业在内部控制的过程中加以重视。

首先，要对企业预算管理力度不断加强，根据企业目前预算管理的现状，对预算管理中出现的相关问题进行全面分析，进而对预算管理体系进行科学构建。不断提升企业管理人员的预算管理意识，组织专业人员成立预算管理团队，并对各部门的职责权限有效明确，全面落实预算编制和执行工作，并对其进行科学合理的调整。通过预算编制流程的改进，调动人员参与的积极性。预算编制要根据各部门的实际业务情况遵循自下到上的原则或者由上而下的原则，对各部门工作人员的相关建议和实际工作需求进行全面掌握，以此为预算数据的有效性提供有力保障。此外，在落实预算编制工作的过程中，还要不断加强各部门之间的沟通协调力度，及时反馈各部门的具体情况，以此来调整预算方案，有效实现企业的经营利益。

其次，要对财务预算编制方法合理调整。部分企业在预算编制的过程中仍然采用的是传统简单的固定和弹性预算方法，这种预算方法并没有结合实际情况来对预算基础数据进行增减和调整，降低了资金的利用率。因此，企业要在弹性预算过程中引入零基预算方法，结合实际情况对预算进行重新编制，不断优化企业预算的实用性。定期反馈和控制预算执行，对存在的预算偏差及时纠正，以此来对预算审批流程不断完善，从而实现对预算执行状况的严格把控，以免预算与实际支出费用之间存在较大偏差，为了降低企业预算超支情况发生的概率，还要对不相容职责审批制度进行有效落实。

最后，还要对预算考核制度合理制定，对预算考核指标有效细化，开展动态化的预算考核评价工作，并将预算考核的结果与企业的绩效奖金关联起来，激发工作人员对预算执行的热情，从而促进企业核心竞争力不断提升。

三、不断加大企业资金活动管理的力度

企业在财务管理内部控制工作开展的过程中，对企业资本结构不断优化，确保采用的资金活动管理模式和方法更加科学、更加理性，确保企业投资管理更加合理规范。

首先，要不断深化企业在资金管理决策方面的理性观念。企业根据全球经济的发展情况，对自身的资金状况进行全面详细的了解，并在此基础上针对资金活动管理加大管理层的培训力度和学习力度，促进管理人员理性认知资金管理，从而对企业资金管理风险进行

准确识别，及时预测和有效规避。

其次，不断拓宽企业筹资渠道。企业要根据制定的年度财务预算对投资计划进行合理制订，对筹资渠道合理有效地拓宽，不能仅依靠国家对企业补助或者银行短期贷款这种形式来进行筹资，还要对一些可用筹资的渠道进行适当增加，比如应急储备金，对企业负债结构进行良好优化，最大限度降低企业债务风险发生的概率。

再次，要科学合理地制定企业投资决策。企业要对自身的实际情况进行全面分析和研究，并以此为基础科学合理制定投资规划，在投资方案审批工作开展过程中，为了确保投资决策的准确性和有效性，可以落实联签制度或者采用集体审批的方法，为企业资金链的持续性提供有效的保障，进而对企业财务风险进行有效规避。

最后，要对企业资金管理机制有效构建。企业资金管理机制在构建过程中，要以内控制度为导向，有效论证资金管理方案的可行性，比如资金活动方式是否科学、资金规模是否合理等，严格控制资金活动管理过程，通过成立专项账户来有效管理和使用筹集资金。另外还要监督和评价企业资金活动，对各部门的资金活动情况进行检查，对其债务偿还情况、支付情况、利息计提情况进行全面监督，从而确保企业在投资方面具有良好的信用度。

四、严格管控企业的应收账款

首先，要对应收账款管理流程不断完善。通过企业应收账款台账制度的制定对客户应收账款的变化情况进行全面了解，及时收缴和处理逾期账款。定期分析应收账款的账龄并开展沟通工作，科学制定应收账款催收责任制度，为了降低企业坏账风险发生的概率，可以采用诉讼方式，也可以采用质押和抵押的方式。

其次，对应收账款管控制度不断完善。通过应收账款明细账的有效建立为财务数据的真实性和完整性提供有效保障。通过应收账款责任部门的建立不断加大财务部门和业务部门之间的沟通协调力度，从而促进应收账款的监控工作、追缴工作和确认工作的全面落实。对应收账款的收回情况及坏账情况进行着重分析，以此来对企业资金进行科学合理的安排，进而对相关的解决方案进行针对性制定，不断提升企业账款回收的质量和效率。

五、不断规范企业资产管控

企业要对存货盘点清查制度不断完善，对实物存货的相关明细情况进行全面核对，对存货盘点表有效制定。通过存货处置审批制度的建立，对存货处置的相关责任进行有效明确，不断提升存货处理的规范性和合法性。同时，还要对物资入库流程进行完善，对存货验收程序不断规范，坚持先检验后入库的原则，禁止不符合标准的相关物品进入库房。此外，还要有效更新和改造企业固定资产，不断提升固定资产的利用率，采取有效的措施合理维护固定资产，以免企业资产出现贬值的情况。企业还要加大对无形资产的管理力度，尤其是企业的一些关键技术，通过权责管理的不断强化，不断加大企业无形资产的开发研究力度，提升企业核心技术水平，从而为企业的持续健康发展奠定良好的基础。

六、加大财务管理的内部监督和检查力度

企业要通过财务制度的科学合理制定，使岗位人员的职责有效明确。在财务管理工作落实的过程中，通过内部稽查和内部牵制为财务管理工作的规范有效开展提供有效的保障。通过企业财务内部审计工作的有效开展，准确评价企业的各类经营活动，从而全面监督和管理企业财务工作。同时企业还要通过事前控制和事中控制工作的融合开展，严格控制企业财务管理的全过程，一方面要对财务计划和财务预算进行全面控制，另一方面还要确保财务分析、考核以及信息反馈全面落实。从而为企业资金使用的有效性和安全性提供全面性的保障。

七、加大企业财务管理内控的信息交流和共享力度

企业在开展财务管理内控工作的过程中，要不断强化管理人员的沟通意识和服务意识，丰富管理人员的沟通技巧和沟通知识，有效避免企业在核算工作过程中误差的产生。并且要充分发挥先进信息技术手段以及互联网技术手段的优势，对财务管理内部信息的沟通渠道进行不断拓展，促进各职能部门之间进行有效的沟通和交流，实现工作的无缝对接，进而针对相关问题进行高效有序的解决。同时，还可以通过企业财务管理内控信息化平台的有效构建，浏览器/服务器模式架构（Browser/Server，B/S 架构）信息化系统对企业资源进行科学合理的整合，对业务流程进行全面优化，实现企业财务管理内控工作的精细化和规范化发展。此外，还可以通过财务信息共享中心的成立，完成业务信息和财务信息的有效关联和对接，进而在企业内部实现相关信息的共享，为企业管理决策的科学有效制定奠定良好的基础。

第七章　内部控制体系构建的多维视角探索

第一节　价值导向下的内部控制体系构建

内部控制是为实现企业目标而存在于企业之中的一种手段和工具。内部控制理论和实践经多年发展，形成了财务报告导向和风险控制导向的框架体系，但这两种体系都未能从企业整体角度来考虑企业价值最大化的实现。近年来，价值导向的内部控制框架体系已被越来越多的企业所接受。从体系构建上来看，与其他两种控制体系相比，价值导向的内部控制体系更符合企业本质和经营实质，它更加关注企业的经营效率与目标，更能体现风险与价值的对等关系。价值链管理和经济增加值（EVA）思想是价值导向内部控制体系构建的两种主要思想，但这两种思想在理论研究和实践中往往被割裂开来。如何将这两种价值思想在企业内部控制体系构建中系统融合起来，发挥二者在内部控制体系中的优势，弥补劣势，对于企业价值导向的内部控制体系的构建具有积极的意义。

一、价值链管理、EVA 与内部控制的关系

（一）价值链管理与内部控制的关系

价值链管理理论最初是哈佛商学院著名教授迈克尔·波特于 1985 年在《竞争优势》中提出的。他认为，每一个企业所有活动都可以通过价值链表示出来，不同企业为获取价值所进行的活动中，有的环节不创造价值，只有某些特定的价值活动（即价值链上的"关键环节"）才真正创造价值。价值链（value chain）是指由供应商开始至顾客为止的价值实现增值过程中的一系列活动所形成的作业链。①

从内部控制角度来看，价值链管理思想与其具有以下共同特征。

第一，目标的一致性。价值链的增值思想与企业本质和经营实质是一样的，这与内部

---

① 栾素英. 基于价值导向的企业内部控制体系构建研究 [J]. 会计之友，2012（30）：46-49.

控制的最终目标和最高目标是一致的。

第二，服务对象的趋同性。价值链将企业划分为一些互相分离又互相联系的价值活动（如采购、设计、生产、营销、服务等），包括基本活动和辅助活动两类，这些价值活动或者环节直接关系着企业的增值，因此对这些价值活动及其关系的分析和改进，与内部控制活动密切相关，为内部控制对象的设计和改进提供了思路和方向；同时，价值链管理特别强调关键环节上核心竞争力的形成，而企业核心竞争力的培育也是企业内部控制的核心范围及风险控制的主要方向。由此，可以看出价值链与内部控制的服务对象具有趋同性。

（二）经济增加值与内部控制的关系

EVA 概念最早是在 1982 年由美国思腾思特管理咨询公司提出的，指企业的税后净营业利润在扣除包括债务和股权的全部投入资本的机会成本后的剩余所得。有别于传统的会计利润，EVA 本质是企业从成本补偿的角度获得的经济利润，要求企业计算成本时要包括所有运营费用和资本成本。简单说，EVA 就是超过资本成本的投资回报，资本成本是 EVA 指标的核心理念。在债务市场价值不变的情况下，企业价值最大化即是股东价值最大化。

EVA 的最终实现靠的是企业由基层生产到高层管理所有员工参与的每个工作流程的有效运行，而每个工作流程环节或阶层都不能够缺少内部控制。内部控制作为一种价值管理手段进行引导和激励，它与 EVA 相辅相成，共同存在于企业这一经济实体的内部，目的是达到企业价值最大化的总体目标。因此，内部控制是 EVA 实现的前提和保障，EVA 是内部控制存在的目的。

从内部控制角度来看，EVA 管理思想的贡献在于以下几个方面。

第一，EVA 真正体现了企业价值。作为一种全新的衡量经营绩效的财务指标，EVA 考虑了会计利润未涉及的权益资本成本，将股东利益与企业的经营管理者业绩紧密关联，可以揭示出企业的未来发展和价值创造能力，使企业的各项经营活动都围绕如何增加公司价值以实现股东财富最大化这一核心目标。

第二，EVA 改变了企业的经营理念、财务管理体系和激励机制。从 EVA 的定义可以看出，EVA 是衡量公司价值的最准确尺度。要使 EVA 得到贯彻实施，企业首先要改变传统的财务衡量指标，让企业的决策者意识到企业的真正价值是什么；同时要改变企业的财务管理体系，使其能涵盖企业整体的战略及其制定及衡量指标等，甚至在每天的运作中，EVA 都要贯穿其中。持续经营的企业在税后利润、资本成本已知的前提下，任何车间、部门、分支机构等经营实体的 EVA 指标都可以计算出来。如此，使用 EVA 指标考察各部门的绩效具有可行性，它将权益资本成本（机会成本）也计入资本成本，有利于减少传统会计指标对经济效率的扭曲，从而能够更准确地评价企业或部门的经营业绩；有利于股东明确所投入资本的保值增值情况；有利于企业经营管理人员的激励，也是企业与资本市场沟通的良好途径。

（三）价值链与 EVA 融合后对内部控制的影响

价值链与 EVA 思想是基于价值导向的内控体系构建中两种主要思想，两者对内控体系的构建各有优势，同时又存在劣势，二者在价值导向内控体系构建中存在一致性和互补性。

第一，从内部控制目标来看，价值链管理、EVA 和内部控制具有一致性，即追求企业价值增值。但是相比于价值链管理中的价值，EVA 诠释了企业的真正价值，这与价值链管理中价值最大化的基本目标是一致的。EVA 从财务管理指标的角度揭示了企业未来成长和价值的创造，是能够提高资本回报率和核心竞争力的有效机制，它将股东利益与管理者业绩紧密联系在一起，将公司各种经营活动归结为一个核心目标，贯穿于企业战略方针制定、组织的架构设计及业务流程优化等价值管理全过程，能使企业各级管理者的经营理念与行为决策都致力为股东创造价值，实现股东与企业管理者及员工多方利益的共赢。

第二，从内部控制的对象来看，价值链管理中的价值活动成为内部控制的对象，各个价值环节之间的协调以及关键价值的选择决定了企业价值增值，而 EVA 给出具体的控制方向和内容。为获取更高的 EVA，企业必须结合价值链管理，不断协调各种价值活动并取舍关键价值环节。企业资本运作获得的收益只有在高于其他风险相同或类似的资本所提供的报酬率时，才能增加市场价值。

第三，从内部控制设计和改进来看，EVA 所追求的目标是股东财富最大化。作为价值衡量指标，EVA 是企业价值管理目标的象征，通过对 EVA 基本驱动因素分析，而进行价值链各环节间协调和关键价值环节的选择以实现 EVA 增值，是内部控制体系设计和改进的主要方向和内容。企业内部控制体系围绕价值导向，将 EVA 作为价值链管理活动统一的业绩标准和各部门协同整体利益的共同目标，能激励员工主动地进行价值创造，并有效地将企业所有价值链活动统一贯穿到股东财富最大化的目标上，使价值链真正发挥创造价值的作用。

二、价值导向的企业内部控制体系构建思路

(一) 构建以 EVA 为点、价值链为线的价值导向内部控制体系

1. 以实现 EVA 为导向

EVA 导向下的企业内部价值链管理,目的是获取价值链系统中扣除所有资本成本后的剩余收益 (residual income),即经济增加值 EVA。该价值的大小反映出价值链管理体系的设计与运行有效性的高低和企业核心竞争能力的强弱。通过分析 EVA 构成的驱动因素,找出能直接促进 EVA 增值的途径,如可以通过提高资本回报率、选择 EVA 为正的投资项目及处置不良资产等,也可以通过优化业务流程以降低成本而提高净利润或提高资产管理效率的手段而获取。EVA 导向下内部控制体系的有效设计及运行,将促进企业价值最大化目标的实现。

2. 贯穿于所有价值链活动

企业的所有管理活动都离不开内部控制,内部控制贯穿于企业的各业务流程。价值链理论是基于战略角度,将企业日常相对独立又有关联的供、产、销、研发、物流等经营活动进行分解与评估,形成了相互联系的价值单元或环节,进而剖析其竞争优势。价值链本身也在随企业的经营管理发生优化或重组。有效的内部控制体系可以为企业各项价值活动提供制度方面的保障;而内部控制体系本身的建立和完善,也为不同的价值活动提供了行动指南。企业价值链运行活动形成了一个基于价值的内部控制体系,该体系联结着各业务单元和资金及信息流等关键要素的同时,也联结着企业各部门及员工、企业外部的供应商和客户。内部控制体系的构建应当覆盖企业所有价值活动。

3. 持续进行业务流程改造

业务流程优化是 EVA 下价值链管理的关键,要求企业价值链根据业务流程重新定位,分析评价包括新产品研发与设计、产品生产与质量管理、营销与售后服务、人力资源、财务核算管理等在内的业务流程,将产、供、销等环节中的非增值环节压缩到最少,整合核心竞争优势,创建全员参与、以满足顾客需求为导向的新型组织,以使价值链各环节增值,进而促使企业价值最大化目标的完成。

(二) 价值链管理下的内部控制体系构建目标

1. 战略目标:实现 EVA

将 EVA 作为内部控制的目标定位,实现股东财富最大化,并作为衡量决策的唯一指

标，这与企业经济主体本质和经营管理实质是一致的。EVA 价值管理核心目标的实现受多种因素制约，而内部控制体系的有效构建和实施便是其中重要的一环。通过关注对 EVA 驱动因素的研究与管理，将企业愿景、总体目标、实施及监管程序协调起来，鼓励新产品研发及人力资源培养等有利于企业长远利益的投资决策，着眼于企业的长期可持续发展。内部控制通过对价值链各环节的约束与激励调节，有利于价值链每个环节实现 EVA 的合理增加，进而实现企业价值最大化目标。

2. 经营目标：价值链有效运行

从业务活动层面看，企业内部控制的对象是通过整合企业内外部资源及其合理配置的各种价值活动及增值过程，其激励约束机制与价值链管理的目标是一致的。价值导向的内部控制是以产生增值流的价值活动组成的有机链条的管理，是提高企业竞争力和实现企业价值最大化的重要手段。价值增值管理建立在 EVA 核心指标下，为企业内部控制体系在价值链管理中的计量和报告提供了具体可行的量化指标，有利于价值链的有效运行。通过内部控制，可以对各价值活动主体进行约束和激励，以降成本、促效益，实现企业战略目标。

3. 安全目标：关键价值增值点的选择与控制

价值链安全容易受到来自企业内外部环境的影响，形成价值链风险。通过分析和实施关键价值增值点的选择与控制以保证价值链安全，成为基于价值导向的内部控制体系构建的重要目标。可采取主动风险管理与应对措施，建立风险预警机制，提前将风险控制在可接受范围之内。

三、价值导向的企业内部控制体系构建内容

美国 COSO 发布的《内部控制——整体框架》，将内部控制归纳为控制环境、风险评估、控制活动、信息与沟通、监督五个基本要素，但基于 EVA 为核心的价值导向内部控制体系应该还要注重评价。因此，在 COSO 报告框架基础上，对价值导向的内部控制体系进行新的构建。

（一）控制环境

控制环境是指对建立、加强或削弱内部控制系统产生影响的各种因素的外部存在，包括组织结构设置及其职责权限、企业文化、经营理念、价值构成、信息平台建设等，对其进行分析和营造是建立内部控制系统的首要环节。

1. 树立价值导向的企业文化和经营理念

以企业价值增值作为经营目标的实质，是营造一种以价值观为核心、企业全体员工共同参与的企业文化和经营理念。树立起 EVA 和价值链管理思想，员工之间互信且与企业有着相同的价值观而积极主动地进行价值创造活动，每位员工都被认同为企业的价值增值而获得相应的绩效认定，这在有助于决策的执行和企业获得竞争优势的同时，也大大降低了内部控制的成本。

2. 确立基于价值链的组织结构

内部控制体系只有借助于组织结构，才有可能发挥功用。建立与企业实际相符合的组织架构，才有可能使企业的业务流程通畅、资金与信息等得到有效流通，以促使企业目标的实现。价值链视角下的企业组织架构应与其本身的规模相适应。重点要考虑内部控制的价值创造作用，以适应多变的企业运行环境；同时注意理顺权责与沟通关系，形成竞争优势。良好的组织结构应建立在有利于工作计划执行的前提下，兼顾业务流程和信息沟通的流畅渠道，一般应采用扁平化学习型结构。

（二）风险评估

风险评估是分辨与目标实现有关的可能发生的风险，包括风险识别和风险分析。应围绕内部控制总体目标，以价值导向制定风险管理策略，开展全面风险管理。

利用 EVA 思想评估企业整体风险承受能力。EVA 源于企业的利润和资本成本，资本成本高低取决于企业对于现有市场机会的判断，而风险承受能力直接影响企业对于市场机会的判断和选取。在既定的风险承受能力下，根据价值链管理理论，分析企业价值增值环节中存在的风险及其成因，这种风险不但来自企业内部，如企业的研发、生产、营销等，还包括价值链中上、下游企业所带来的外部风险，如供应商、外包方、政府等。现代企业的精细化和流程化管理，加上组织架构的扁平化趋势，使得企业价值链中的风险识别和分析建立在开放与分散基础之上。风险无处不在且环环相扣，某一环节的风险一旦出现，即有可能波及整个价值链。对于这些风险，价值导向的内部控制并不是回避或消除所有风险，而是在风险评估的基础上，通过控制活动，将风险控制到一个可以接受的合理水平，提高价值管理能力。

（三）控制活动

控制活动是确保管理阶层指令得以执行并使控制目标和可接受的风险承担得以实现的

政策及程序，如核准、授权、验证、调节、复核营业绩效、保障资产安全及职务分工等。控制活动的最终目标是实现企业目标。风险评估过程中发现的关键风险点，就是关键的控制点。

价值导向的内部控制体系的控制活动，应该借助于 EVA 和价值链管理思想，进行"点"和"流"两方面的控制：一方面，利用价值链管理的流程分析，分析价值增值过程中的关键环节，去掉不创造价值的冗余环节以优化价值链管理进而提高价值创造效率，设立 EVA 关键点，保证企业整体 EVA 目标的实现；另一方面，利用流程贯穿企业的各价值活动，分析企业价值增值过程，建立相应的内部控制管理制度、政策和具体的控制目标，使内部控制落到实处，提高内部控制的效率和效果，保证企业的价值创造过程得到有效控制。

通过控制活动，可以优化价值链管理下的业务流程，流程的增值又可分解为各作业的增值，价值链各环节的增值带来企业整体价值的增加。

（四）信息与沟通

信息与沟通是企业必须获取并识别来自企业内外部的各种信息，以使员工能够履行其职责。良好的信息与沟通系统不仅是营造有利于经营目标实现的良好控制环境，还是有效实施内部控制的必备条件。

价值创造导向的信息沟通系统下，需要搭建能够高效率处理各类冗繁信息的沟通平台。该平台要能够分析处理来自企业内外部经营环境下所有控制活动有关的财务与非财务信息；应设立关键信息处理机制，特别是价值增值。

环节中的 EVA 相关指标，及时收集分析、处理和传递关键信息，保证企业价值实现；同时，该信息沟通系统应具备信息反馈与协调机制，能纵横企业上下与内外的沟通，保证企业价值活动的有序运行和相互协调。

（五）监督检查

监督检查是为保证企业内部控制的设计及运行的有效性而作出的持续评估。基于价值链管理的内部控制系统，需要对企业内部各价值活动及其所需资源与其产生的价值进行持续不断的监督，以确保企业价值的实现。

一个完整有效的控制系统必须是具有反馈功能的闭合回路。内部控制体系运行过程中难免会出现偏离目标的情形，这时需要控制主体对内部控制的某方面实施专项监督检查，并形成针对性改进意见的检查报告，以及时纠正偏差，更好地达到内部控制目标。

内部控制的监控系统要在发现自身问题时，能建立实时有效且适应价值链发展的完善和优化机制，协调价值链中内部控制各节点价值与 EVA 控制目标的冲突，以使内部控制的增值能力得到加强。

（六）评价与激励

科学完善的价值导向下内部控制体系的构建，除了以上五要素之外，还要定期对内部控制的有效性进行自我评价，出具内部控制自我评价报告并予以奖惩。因此，这里构建出价值导向下内部控制体系的第六要素——评价与激励。

内部控制评价内容主要是基于 EVA 核心业绩评价指标，围绕内部环境、风险评估、控制活动、信息与沟通、监督检查等五要素在信息传递与反馈基础上展开，将各责任中心和员工执行内部控制的情况纳入绩效考评体系，侧重评价五要素的有效性，并根据评价结果进行奖惩，以促进内部控制的有效实施。

同时，以现有的财务内部稽核、内部审计部门为基础，成立一个直接归最高权力机构管理的审计委员会。审计委员会通过内部稽核、任期审计、离任审计、落实举报、监督审查企业经营情况、财务管理、财务账套及原始凭证等手段，对有关业务和财务部门实施内部控制，建立以查为主的事后控制流程。这样，将企业内部控制建设同绩效考核挂钩，调动了工作人员的积极性，保证了内部控制管理流程工作的贯彻落实。

第二节　风险管理视角下的内部控制体系建设

一、风险管理视角下内部控制体系构建的必要性

（一）市场竞争力提升的诉求

随着现代信息技术和经济的快速发展，企业所处的外部环境在不断改变。为了获得长久的生存，企业只有顺势而为，才能最大限度适应环境的变化，进而在市场中站稳脚跟。因此，企业要依据外部环境和自身发展战略，不断调整经营方案，以此来增强自身竞争力，应对外部的巨大变化。从风险管理角度分析，企业做好内部控制体系的构建工作，能使企业自身的经营始终与市场的变化相适应，并通过不断调整企业的管理方式，优化配置资源，将企业所面临的风险予以有效降低，全面提升管理效率和市场竞争力，始终与市场

的变化相适应。

(二) 管理规范性建立的需要

企业的发展要坚持创新性原则，但风险管理除了创新，还要兼具规范性。企业的创新意味着不断改变，而改变就会加大潜在的风险。因此，要针对管理过程中的风险做好相应业务的控制，最大限度减少因风险而带来的损失，促使所有日常管理朝着更加规范的方向发展。企业在构建内部控制体系时，还要遵循重要性和效益性等多项原则，从根本上保障管理经营的规范性。

(三) 评价体系完善的保障

从风险管理实效分析，企业要持续做好评价管理工作。评价管理是企业内部控制管理体系构建时应重点关注的内容，内部控制体系内容准确、完备，才能保证评价体系的有效建立。企业在完善评价体系时，还要对员工的工作情况作出监督和评价，促使员工树立责任意识，不断提高工作积极性，充分发挥自身的专业能力，从根本上挖掘企业发展能力潜力，促使企业在持续健康发展上获得源源不断的动力。

(四) 管理经验积累的路径

企业在构建内部控制体系时，要充分结合风险管理理念和当前的运营情况，制订更加完善的战略计划，并在战略目标实现的过程中不断积累管理经验，为长远的经营提供最有力保障。所以，企业做好内部控制体系的完善工作，是企业快速积累管理经验的直接路径。

二、风险管理下内部控制体系建设结构

(一) 内部控制体系构建基础

企业构建内部控制体系的目标，是将现有资源进行最大限度的优化配置，以达到资源消耗减少、利用效率提高，从而争取最大价值的目的。对于企业而言，内部控制体系的构建要打好五个基础，做到全面涵盖底层的控制环境和上层的风险控制工作。

(二) 风险管理工作组成

企业风险具有突发性特点，因此要重视对风险的识别、评估和管理等全部流程管控，

使每个业务流程都能落实风险控制工作，通过有效挖掘业务活动中的潜在风险，高效执行相应控制活动。第一，企业要不断理清业务流程，找准风险控制的关键点。通过整理当前运营情况，综合考虑企业的关键控制点，以流程图或者文字的方式来确定控制流程，最后形成风险数据库，对已经确定的风险进行集中记录，形成风险矩阵。第二，企业要做好风险识别工作，由于经营过程中遇到的风险较多，除了经营和财务风险之外，还有战略风险等，所以要采用不同的识别方法，有针对性地处理各类风险。第三，当经营过程中的风险确定之后，企业要做好对其重视程度、发生可能性、未来发生频率的全面分析，最后再针对上述的风险设置相应的控制活动流程。

（三）人员组织结构

企业在构建内部控制体系时，要确定组织结构、明确人员职责。具体而言，一方面，确定管理层风险管理具体任务，基于企业发展情况制定战略目标，设立相应风险管理机构，使其能够专门处理风险事项。同时，设置基层组织风险管理员，专门负责风险动态的信息上报工作，并在风险发生时将其控制在合理范围之内。另一方面，企业管理层要明确风险管理职责，及时召开会议，提出风险处理措施，对企业风险管理活动进行控制，并结合自身的风险特点，对风险承受能力进行考核。

（四）审计监督体系

企业的内控体系建设离不开配套的审计监督体系，审计机构又是审计监督体系的重要组成，所以与其他部门相比，企业设置审计机构能够完善审计监督工作，且使其具有独立性。具体而言，为充分发挥审计机构的作用，避免企业因一味追求经济利益而弱化审计监督职能，甚至出现兼职的现象，企业高层管理人员应担任审计机构经理或分管该项工作，要具备较强的专业素养和领导能力，并对风险管理有很高的敏感度。同时，内部审计机构的工作人员要由每个部门的专业人员组成，使每个人员都能主动承担相应职责，技术人员也都能够掌握风险管理的专业技能。内部审计机构在企业进行风险控制时，要做好动态监督工作，将监督结果汇报给相应部门，帮助企业落实最终的风险管控工作。此外，内部的审计监督工作要配合外部审计机构。在大数据和信息技术不断发展的现代社会，媒体具有较高的监督作用，基于这一特点，企业应当配合外部监督机构，做好内部控制体系优化工作。

三、风险管理下企业内部控制体系构建保障措施

(一) 渗透管理意识，达成全员共控

企业建立完善的内部控制体系，要注重增强企业全员的管控意识，从根源上增强企业的风险控制能力，让所有员工在实际工作中都能获得正确的管理理念。基于此，企业要重视内部风险管理宣传工作，将其贯穿到人员培养的工作流程中。

具体而言，首先，企业应做好文化建设，在该过程中树立正确的风险管理理念，并逐渐渗透到企业文化当中，从而对员工的思想产生根本影响，促使员工自愿参与企业风险管理。其次，企业要定期举办风险防范活动，为员工安排风险方面的宣讲，有目的地培养企业内部人员的控制意识，使其在工作中能够贯彻该管理理念并作出有效的风险判断，逐步提升人员的风险防控能力。最后，企业要建立相应奖惩机制来推动风险管理的发展，保证每位人员在工作过程中都能积极主动地发现问题，给出有效的风险防范策略。对于能及时发现风险并提出有效措施的人员，要根据奖惩机制给予相应奖励；因工作懈怠而发生了风险，并且对企业造成损失的人员，还要进行一定的处罚。以此引导内部人员树立正确的管理理念，达到企业内部控制效果。

(二) 规范内控制度，提供管理方向

从风险管理视角入手，企业规范内部控制制度的建设工作，能为内控体系的执行奠定坚实基础。首先，企业通过健全风险管理制度，使各项制度内容更加标准和科学。企业成立单独的风险防控小组或部门，吸收大量的财务或审计人员，从专业技术的角度对风险信息进行收集和研判，让专业人员深度参与风险管理实施工作，并根据当前企业经营的实际情况，来调整风险管理和内部控制，全面把控企业各类潜在风险，做好各项风险点的有机整合。其次，企业要采取多种风险的防范措施，最大限度降低风险发生的概率，做好保证各类风险都能有效管控，使企业产生的风险始终在可控范围之内，让各项经营活动的开展更为顺利。最后，企业要建立与风险防控相适应的预警机制。通过完善预警防控的机制，将风险评估的方式不断优化，保证经营风险能得到实时的监控管理。

此外，企业还要不断完善生产经营过程中的各项制度，如财务管理、资金管理、采购管理、分包管理等不断完善，达到对企业各项业务和经营决策的全面覆盖，使全部经营过程均得到有效管控，当企业的经营过程出现异常情况时，能迅速采取有效措施予以解决，最大限度降低风险给企业造成的损失。总之，在风险管理指导下，企业对于内部各项制度

适时进行调整，保证各类工作与风险管理有效对接，减少内部控制风险问题的产生。

（三）强化评估流程，完善业务活动

为不断提高企业经营管理水平，在完善内部控制体系的过程中，还应加强对风险评估机制的建设，从而进一步对企业的经营活动进行监督和评价，及时发现并解决问题。

具体而言，首先，从完善预算控制入手，加强各部门之间的沟通合作，使各部门的工作满足企业经营的需求，并通过科学的预算编制来降低企业的运营成本，促使企业不断提高内部控制的监督和执行能力。其次，企业应不断完善各业务审批流程，做好各流程的分析和评价，若发现审批制度不合理，应及时报告，及时沟通协调，有针对性地进行处理。同时还应提升审批过程中所有人员的工作效率，从整体上提高工作质量。最后，企业风险管理还要对收付款情况进行完善，根据现行的收款流程，对业务付款流程进行分析，找出其中的问题点，厘清企业的资金成本与收入之间的关系，据此通过完整的流程评估来持续完善企业内部控制活动。

（四）调整体系内容，全面覆盖过程

在风险管理视角下，企业建立起内部控制体系，要做好风险管理的客观评价，让内部控制工作能得到有效监督，使体系的建设更加科学。基于此，企业要推动内部控制各部门形成监督合力，对内部控制的各个环节实行严格的监控，全面发挥内部控制的监管作用，做到所有经营活动的全面覆盖。而在内部控制检查工作开展时，要注重呈现系统化的评价报告，全面保障风险控制的效果。与此同时，要正确利用内外环境的共同作用。一方面，通过了解外部环境的变化来判断企业未来的发展方向，使企业能跟随外界环境确定经营方向，实现持续性发展。而在实际内部的监管过程中，企业也要做好对人员的客观评价。另一方面，开展内部审计的监管工作，发现目前经营存在的问题，保证风险管理工作始终有序推行。由于风险的发生难以控制，企业的管理部门虽不能将风险完全消除，但可以将其控制在可接受范围内。

因此，企业一定要重视对风险的预防和对策的制定，通过对各项内部控制的方案的综合运用，使风险全部控制在企业可接受范围内。通过构建科学的审批体系，对权限进行合理化编制，关注权限的范围、责任以及程序是否规范，严格控制特别授权。企业要结合绩效的考核机制，制定绩效考核、预算控制和运营分析控制等多项控制的方案，并以风险变化的实际情况为依据，共同制定有效的控制路径，达到风险控制效果的最大化。

第三节　内部控制体系的信息化建设思考

内部控制作为单位内部自我调整、约束、规划、评价和控制的方法、措施，在保护资产安全完整、保证信息资料正确可靠、保证经营活动的经济性效率性和效果性等方面发挥了重要作用。

内部控制理论的发展主要经历了内部牵制、内部控制、内部控制结构和内部控制整体框架四个阶段。进入 20 世纪 90 年代以来，随着信息化技术的飞速发展，财务管理、企业资源规划（ERP）、供应链管理（SCM）、客户关系管理（CRM）等信息系统在企业管理中得到普遍应用，与之相应的内部控制体系建设也进入了信息化阶段。

一、信息化环境下面临的新挑战

风险是内部控制制度产生的根源，企业在制定和实现自己目标的过程中，会碰到各种各样的风险，企业生产经营的全过程就是利润最大化与风险最小化博弈的过程。

现代市场经济环境下，企业面临着来自内部和外部的双重风险，内部风险主要包括人力资源因素、管理因素、自主创新因素、财务因素、安全环保因素等。

外部风险则主要包括经济因素、法律因素、社会因素、科学技术因素、自然环境因素以及其他有关外部风险因素。

内部控制概念自 20 世纪 30 年代首次被正式提出以来，在规避风险、防范舞弊等方面的作用已越来越为企业所接受。随着信息化时代的到来，企业在管理上逐渐呈现出信息量大、传播速度快、联结单位多、地域广等新特点，高度信息化的市场格局使企业开始面临新的前所未有的复杂风险因素，这些为内部控制的发展提出了更严峻的挑战。

（一）授权、批准控制环节易导致经营风险

不相容职务相分离、授权审批是内部控制制度中非常重要的两个控制措施。不相容职务分离控制要求企业对内部分工所涉及的不相容职务实施相应的分离措施，形成各司其职、各负其责、相互制约的工作机制。授权审批控制要求企业根据常规授权和特别授权的规定，明确各岗位办理业务和事项的权限范围、审批程序和相应责任，各岗位在授权范围内行使职权和承担责任，个人不得单独进行重大决策或者擅自改变集体决策。

随着信息系统的广泛应用，传统环境下依靠纸质材料流转审批的情况也逐渐发生改

变，大量业务流程通过办公自动化系统（office automation system）在局域网甚至互联网上办理。系统为用户赋予特定的权限，依赖预设的账号和口令进行身份识别，以此替代传统环境下具有相应权限人员的签名或签章。

业务人员可以选择在任意网络环境下接入工作网络进行业务操作，而不必像传统模式下受限于固定的办公场所。在这种网络化的工作环境下，系统仅凭账号密码验证用户身份，一旦不同用户的口令被同一人掌握，内部控制中不相容职务相分离和授权审批的原则就极易受到破坏，这些都会大大增加发生错误或舞弊的可能性，从而增大内控制度失效的风险。

（二）数据错误易引发连锁反应

在信息化条件下，企业管理实现了较大程度的自动化，数据实现录入存储后会迅速被多个系统或部门共享。相比于传统环境，信息化的数据传输及应用链条更长、环节更多，尤其在未来云计算环境里，用户可以通过网络以按需、易扩展的方式获得所需服务，实现各种软硬件资源和信息的及时共享。但这种迅速扩散、高度共享的网络环境也对数据质量提出了更高的要求，有效控制下的数据输入应当可以达到以下目标：完整、正确的业务数据被正确地转换成机器语言并存储于计算机文件上，业务数据无丢失、增加、重复、冗余，错误数据能够被拒绝、改正并及时重新提交处理。

然而实际中，许多企业并不重视数据输入环节，尤其在数据初始采集录入阶段，由于部分录入人员责任心不强或业务素质不高，加之数据输入环节缺乏有效的复核监督，数据输入错误极易发生，而这种错误的结果一旦被后续的信息系统应用将产生复杂的连锁反应，危害广泛且错误纠正的成本极大。

（三）数据存储处理方式易引发系统风险

大数据时代，数据安全成为一个十分棘手的难题。在手工条件下，不同业务流程的相关资料分散存放于不同职责的部门，一个环节发生的错误容易被发现并纠正，各部门相互关联又相互制约。但是在信息化条件下，海量数据集中存储、大量应用软件集中部署加之高强度的数据查询和网络数据传输，这些都给系统安全留下了很大的隐患。

由于新技术的产生和发展，对隐私权的侵犯已经不再需要物理、强制性的侵入，由此所引发的数据风险和隐私风险，也将更为严重，数据安全管理问题成为大数据应用面临的最大风险。

在大数据时代，信息安全管理正面临一场前所未有的挑战，在网络化环境下，任意一个部门网络或系统出现问题，都有可能发展成全范围的危机，轻则影响业务的连续、高效运行，重则可能形成数据丢失、资金损失、泄密等事件，给企业造成难以估量的损失，甚至可能给整个经济运行系统乃至国家安全带来不可想象的损害。

（四）系统开发漏洞易导致舞弊行为的隐蔽性

IT 环境下企业的业务处理依托于信息系统，但由于一个系统往往由数万乃至数百万行的代码组成，因此一些微小的程序错误（bug）在软件开发过程中无法避免。

此外，不同系统间在数据接口、兼容性等方面也容易出现不可预知的问题，加之现在许多信息系统都是采用浏览器/服务器模式架构（Browser/Server，B/S 架构），部分单位甚至允许员工采用自带设备（bring your own device，BYOD）方式办公，网络环境下操作系统及应用系统的各种漏洞极易遭到恶意攻击，而且这种危害行为往往隐藏于正常的系统运行之中，导致舞弊行为不易被发现。

（五）对信息系统的控制容易被忽视

控制与反控制是一对永恒的矛盾，信息系统在提高效率防范风险的同时，其自身也面临着诸多风险因素的威胁。在实际工作中，企业往往只重视对业务处理控制的了解、测试和评价，忽视了对信息系统控制是否有效执行、是否健全的审查。对信息系统控制可以分为一般控制和应用控制，其中一般控制是指为合理保证所有计算机数据处理活动安全、可靠而采取的控制措施，具体包括组织控制、操作控制、系统开发和维护控制、硬件和系统软件控制、灾难恢复控制等，这些控制措施对系统的各个方面都有广泛的影响，因此对信息系统一般控制的测评尤为重要，一旦发生一般控制失效的情况将会给企业带来巨大的风险。

二、信息化是内部控制的必然要求

（一）规范内部环境要求实现内部控制体系信息化

内部环境是影响和制约企业内部控制建立与执行的各种内部因素的总称，是实施内部控制的基础。内部环境主要包括治理结构、组织机构设置与权责分配、企业文化、人力资源政策、反舞弊机制等。良好的治理结构、高效的组织机构运转、健全的反舞弊机制都将促进企业实现价值最大化经营目标。而在 IT 环境下，这些都要求有与之配套的信息化内部控制体系做保障。例如，在完善公司治理结构方面，许多企业实行组织结构扁平化管理，减少管理层次，提高信息传递效率和处理效率。在这种模式下，下级机构在改革中获得了更大的自主权，这就对加强组织的内部控制提出了更高要求。

要保证企业在提高效率的同时，保持组织控制的有效性，保证上下级在行动上的一致性。这一过程都必须依赖完善的信息化控制手段，保证组织机构所有成员都在统一的内部控制架构下合理运作，保证企业在财务、业务等环节能实行实时有效的控制，降低由于管理失控引发的风险。

（二）内部控制体系信息化是实现风险评估和控制活动目标的必然要求

信息化环境下，企业的组织结构、业务操作方式和操作流程都发生了根本性变化，企业的运营管理高度依赖于各类信息系统，如果不对现有的内部控制手段进行相应的同步调整，必然导致企业内部监督出现时效滞后。这种传统内部控制方式与信息化业务处理模式的脱节现象，将业务系统完全置于风险控制系统之外，一旦发生事故将是灾难性的，没有完善内控制度支持的信息系统无异于一把"双刃剑"，企业在借助信息化实现飞速扩张的同时，也可能因为一次事故导致企业被"一剑封喉"。

（三）内部控制体系信息化有利于提高信息沟通和监督效率

多年来，重理论轻实践和建设缺乏延续性一直是制约企业内部控制体系建设的两大弊端。许多企业虽然建立了内部控制制度但并没有将其很好地应用，而且由于内部控制体系建设多停留在建章建制阶段，一旦管理层发生变化，原有的内部控制制度往往面临着被抛弃的尴尬境地。这种与实践相脱节且缺乏连续性的建设方式无法为企业提供有效的安全保障。而内部控制体系的信息化建设则可以很好地解决上述问题。通过信息化手段，企业可以将多年积累的内部控制制度加以集成、转化和提升，同时也可以实现对业务系统、财务系统等关键控制点的嵌入式管理，完成内部控制系统与其他系统的有机融合，从而达到加强过程监控的目的。

三、企业内部控制体系信息化建设的关键

（一）从公司治理的高度作出制度安排

内部控制体系信息化建设是将公司内部控制制度化，实现由传统手段到信息化手段、从人工控制到系统自动控制的转化。而这一转化的前提条件是公司具有健全、有效的公司治理结构。公司治理与内部控制两者是相互融合、密不可分的关系，完善的内部控制机制

需要以健全的公司治理结构为基础，而内部控制的建立健全和实施也是实现公司治理目标的重要保证。

企业内部控制失效的原因大多是公司治理结构不完善，由于缺乏对管理层有效的监督和约束，导致内部控制流于形式，经营活动中的盲目性、随意性甚至徇私舞弊行为无法杜绝，由此会给企业利益带来巨大的损失。

在我国，由于公司治理结构及现代企业制度尚未完全建立，许多企业的董事长和总经理的人选任命或者由政府任免或由私营企业主自己主导，市场机制并未完全发挥作用，许多单位虽然设有监事会，但其内部控制作用的发挥有限，由此产生的经营管理团队往往只重视企业的利益最大化而忽视内部控制制度，使经营者在缺乏制衡机制的情况下，自觉或不自觉地凌驾于内部控制之上，内部规章制度得不到合理的实施。

因此，内部控制体系的信息化建设从一开始就要放到公司治理的高度，要与建立完善的公司治理机构、健全对公司高管的约束和激励机制相配套，结合企业的信息化建设全局作出整体制度安排，从战略投资、企业管理变革的角度整合各类信息资源，制定适应企业特点的长期发展战略。企业应当根据国家有关法律法规和企业章程，建立规范的公司治理结构和议事规则，股东会、董事会、监事会、经理层应分别在各自的职责范围内开展工作并行使相应的权利。其中，内部控制的建立健全和有效实施由董事会负责，执行监督由监事会负责，企业内部控制的日常运行由在经理层领导下的专门机构具体负责组织实施。在这一过程中，企业管理层要高度重视，加强顶层设计，建立促进内部控制实施的激励约束机制，将各责任单位和全体员工实施内部控制的情况纳入绩效考评体系，管理者要带头使用并服从系统控制，以此维护系统控制的权威性，促进内部控制的有效实施。

（二）优化设计、提高建设标准

信息系统开发的生命周期包括提出需求、可行性研究、初步设计、详细设计、编程和测试、系统测试、系统转换、审查验收和系统维护等几个阶段，其中需求及可研阶段是整个开发过程的重中之重，它决定了整个系统开发的总体纲领和方针，这一过程企业可以委托专业从事内部控制审计的会计师事务所为企业提供咨询。

在企业内部控制体系设计中应当遵循五大原则：①全面性原则，全面性包括横向和纵向两个方面，横向上要覆盖企业及其所属单位的各种业务和事项，纵向上要贯穿包括决策、执行和监督在内的业务全流程。②重要性原则，即在全面性原则的基础上突出重点业务和高风险领域。一个完整的企业经营链条是由数量众多的环节组成的，各环节在整个业务链条上所处的位置不同，其对企业自身利益造成的影响也不同。在企业人力、财力等各类资源相对稀缺的情况下，企业的内部控制力无法做到平均分配，必须在全面控制的基础上做到重点突出，这样才能找到合规性和效益性的平衡点，以较小的成本换取最大的利益。③制衡性原则，权力制衡是内部控制设计的成功法则，企业内控失衡的一个突出原因就是权力过度集中，因此企业必须在完善公司治理结构的基础上，注重不同部门不同职务间的权责分配，使之形成既相互制约又相互促进的关系，这样才能在保证效益的基础上实现最大限度的风险规避。④适应性原则，完美的系统不一定是万能的系统，从实际出发与企业情况相适应才是好系统的标准。因此，好的内部控制系统一定要与企业经营规模、业务范围、竞争状况、风险水平以及信息化应用程度等相适应。⑤成本效益原则，内部控制的目的是帮助规避风险、减少损失、增加盈利，其本身也要权衡实施成本与预期效益，以适当的成本实现有效的控制，系统开发在预留升级空间、方便随时调整的基础上，以满足企业现有的各方面需求为宜，避免过度开发造成损失浪费。

（三）要具备风险预警和事故阻断功能

传统意义上的内控制度，在执行过程中，会出现一些人为因素影响内控执行力的情况，这些因素里既有操作失误引起的，也有徇私舞弊主动触发的。因此，内部控制信息系统的一个主要职能就是要实现自动预警并阻断这些风险事故的发生。信息系统的最大优势在于运转效率高、时效性和针对性强。

在系统设计时要充分发挥优势将手工控制与自动控制、预防性控制与发现性控制相结合，综合运用不相容职务分离控制、授权审批控制、会计系统控制、财产保护控制、预算控制、运营分析控制和绩效考评控制等多种控制措施，最大限度地将风险控制在可承受度之内。

在设计时，企业应当根据内部控制目标，结合各类业务风险点，建立风险预警和事件应急机制，设计中添加"熔断机制"和"防呆设计"，对关键环节进行必要的提醒，对于明显异常的数据流、信息流，由系统在第一时间产生应急响应并自动触发阻断措施，有效中断危险任务的执行，确保突发事件能够得到及时妥善处理。

此外，系统设计及实施中还要注意系统操作人员、管理人员和维护人员三种不相容职务相互分离、互不兼任，各岗位都要得到一定的授权，并用密码控制。通过岗位间相互监督和相互制约的机制来保障系统的安全运行，防止人为舞弊的可能性。

（四）加强人才培养

内部控制体系的信息化建设是渐进的过程，应贯穿于企业整体信息系统建设的全过程。企业各领域的创新发展，都要同步建设一个与之相配套的风险管控体系。

管控体系要实现与企业的经营规模、业务范围、竞争状况和风险管理水平等要素相协调，并随着情况的变化及时调整。这一过程迫切需要一支高素质的人才队伍做支撑，企业为此要培养一批既熟悉内部控制知识、又熟悉信息技术知识，既熟悉应用控制、又了解一般控制的复合型人才。在人才培养方面，企业应当制定、实施有利于可持续发展的人力发展战略，包括建立兼具职业道德修养和专业胜任能力的双重人才选拔和聘用标准，鼓励员工参加培训和继续教育，不断提升员工素质。加强企业文化建设，培育健康积极向上的价值观和责任感，树立现代管理理念，强化风险意识。加强法治教育，树立规范意识、培养爱岗敬业、依法办事、依法监督的职业氛围。建立与企业发展规模相适应的绩效评价机制、激励机制和约束机制，努力保持人才队伍的稳定性，促进企业实现良性循环。

（五）实行标准化管理

大数据时代海量数据实现了集中存储，以前有多个部门分散存储和使用的数据在信息化时代下实现了真正的交叉融合，而这种融合的前提条件就是标准化。

企业要想真正实现信息共享首先就要将各部门的信息加以统一，在充分调查了解企业内部各类业务活动、财务活动特点的基础上，依据《企业内部控制基本规范及其配套指引》解决内部控制和业务流程中的标准化问题，按照标准化的要求进行信息化设计，并将这种设计成果转化成涵盖内部控制体系的各类要素的固定控制模块。

（六）加强系统自身的安全

信息系统的开发是一个规模浩大的工程，资金投入大、占用资源多，而且其本身就是一个蕴含多种风险因素的交织体。因此，在建设内部控制信息系统时要注重避免在基本架构、程序设计和调用、权限分配等方面存在先天设计缺陷。

要加强对系统本身的安全控制，尤其是人员控制，采取口令、密码锁、物理机器三方绑定的方法，加强对系统参与者的安全认证。同时在网络建设上也需要采取添加防火墙等安全措施，防范可能的系统漏洞攻击。此外，在系统设计上还应注意避免与业务系统等相脱节的现象，内部控制信息系统在企业管理中不能孤立存在，必须实现与财务、业务等其他信息系统的密切融合，可以引入在信息技术（IT）服务管理标准方面通行的信息技术基础架构（Information Technology Infrastructure Library，ITIL），将IT服务管理的重心指向运行，通过对系统运行状态的监控、管理和改善，实现IT对业务支持的精确性和前瞻性，将被动的故障处理模式转变为主动的防御。在操作设计上还应注意提高适用性和可操作性，界面要友好，减少过多的专业性、技术性操作，避免因烦琐的操作和机械的控制影响系统的推广应用。对于原有系统的升级还应注意解决好与原有系统的衔接问题。

第四节　业财融合嵌入内部控制体系的运用

业财融合的管理体系是在企业开展业务的基础上，融入财务管理体系，在企业资源有限的情况下，财务管理人员在了解企业实际情况后，帮助企业实现资源的有效配置。同时在对业务情况进行掌控的同时，也需为业务部门提供扶持。财务部门的任务不仅是负责财务数据的核算和统计，更多地倾向于统计业务活动的绩效，并且将统计出的信息反馈给业务部门，进而帮助业务部门开展营销工作。企业建立健全财务管理流程的同时，也发挥了内部控制的作用。传统的财务管理流程和内部控制体系属于不同的管理路径，一个倾向于财务管理，另一个则侧重于分析市场经济环境，二者虽然在企业管理过程中有所重叠，但尚未做到相互补充协作。例如，企业管理者是通过企业年报或者财务报表的方式了解本企业运行情况，但是财务报表所反映的信息有限，无法真实反映企业产业链条的所有事项，财务报表仅仅是企业在某个时期的财务核算数据，因此财务报告无法帮助企业管理者真实了解本企业的实际运行情况，管理者作出的决策也缺乏科学性。但是通过业财融合的内控管理体系，财务数据、内部控制信息和市场动态三者可做到有机融合，对企业管理者所反馈信息更具备参考性，也可解决宏观经济环境带给企业的多重挑战，因此，业财融合嵌入企业内部控制的管理方法已经成为企业管理的重要工具。

一、业财融合嵌入内部控制体系的重要意义

业财融合嵌入企业内部控制制度是服务于企业内部的会计信息系统，也是有助于企业的业务发展带动财务事后控制、风险评估业务事前控制、业财融合嵌入企业长期战略发展决策模式。业财融合嵌入企业内部控制体系可促进企业丰富内控体系建设的理论研究，帮助企业更好地掌握业务和财务管控问题。

我国企业现存的内部控制制度是从财务报表中分析企业盈利情况，但是企业业务开展情况、市场拓展的情况无法以财务数据的模式呈现，与此同时，企业财务管理人员对企业成本变动、市场营销情况以及生产效率等不甚了解。企业将业务融合嵌入企业内部控制体系后，有助于企业内部部门合作和沟通，进而提高企业经营活动和财务决策能力，企业实施业财融合保证了企业各个部门的利益均衡性，并且实现了企业利益的最大化。

业财融合嵌入企业内部控制体系可解决企业实际运营缺陷。例如，业财融合的内控管理体系可解决企业数据不真实的问题。我国企业在经营中划分财务、采购、生产、销售等多个部门，内部部门之间的管理方式又存在差异，经营数据最终上报给财务部门。虽然企业整体的经营数据最终由财务部门整理统计，这种模式下的财务数据必然缺乏真实性。企业若通过业财融合的模式，企业可按照统一的标准汇总业务数据和财务数据，更真实地反映企业实际经营情况。当企业的财务目标和战略目标不一致时，销售部门更关注营销任务，对投资成本和经营成本不甚了解，这种情况下加剧销售风险。企业将业财融合嵌入内部控制体系可灵活平衡各部门之间的差异，进而实现企业持续健康发展。

二、业财融合嵌入内部控制体系的运行方式

（一）信息沟通环节

内部控制制度包括企业收集信息、处理信息的过程，其最终目标是保证财务数据和业务数据的真实性。企业将业财融合嵌入内部控制制度中，第一，事务财务是嵌入企业业务的事前评估环节，将企业生产过程中的信息进行处理，最终以数据的方式对业务进行阐述。事务财务将对企业设备、项目利润等进行分析总结，保证企业内部信息的畅通，将信息沟通渗透到企业的每个部门，改善部门之间信息不畅的局面。第二，业务财务是由企业的财务部门对企业业务部、生产部和项目部等进行财务信息渗透，保证企业业务信息和财务信息进行高效衔接。业务财务对企业的公允价值进行收集，如产品销售数据、项目开展情况等，并基于企业内外部处理方式，将各方面数据进行汇总，并在管理层之间进行信息传递。第三，战略财务是基于企业整体战略发展目标，以财务模拟的形式对发展计划作出评估，战略财务作为企业实现目标的工具，对企业所有的信息进行汇总，并将多余的信息进行删除，将有效真实信息反馈给管理者。

（二）风险评估环节

企业风险评估主要包括目标设定、风险识别、风险分析和风险应对。企业事务财务通过已经发生的案件进行总结，并对可能发生的案件进行风险分析，其中涉及企业投融资活动、资源配置、增值税处理等等，企业在此过程中选择某些可承接的项目。业财融合嵌入内部控制体系是通过模拟企业财务报表的形式，预测该项目是否完成，并预测建设项目过程中的投入、宏观经济环境等。同时分析企业可能亏损或者盈利的项目，以便及时作出科学调整，将企业经营风险降至可接受范围，并依据风险作出相应的决策调整。

(三) 资金及运营控制环节

企业生产经营最重要的风险便是资金风险，主要包括企业对固定资产和存货的控制，是企业内部控制中最为重要的环节。企业需对不同的资产作出价值评估，并科学控制企业现金流量。业财融合嵌入企业资金控制环节后，首先，需建立每日资金预算管理系统，并对企业每笔支出的资金作出统计，按日审核企业资金收付情况；其次，财务人员分析次日预算表，并及时核对每日资金余额，并将次日预算表交于审计员进行审核；最后，审核通过后支付资金，保证资金管理和业务流程的相互融合，切实做好资金管控。

(四) 企业内部监控环节

企业内部监控是对企业的经营情况进行反馈，企业可通过内部监督环节来减少业务舞弊现象。企业监督管理更多集中在管理层方面，考察管理层是否履行职责，及时纠正不科学的管理模式。业财融合嵌入内控机制后，必须对内控环节进行科学评估，同时对内控制度的执行力进行分析，企业独立的监管体系可对业财融合嵌入后的内控体系进行监控，进而保证企业持续健康发展。

三、业财融合嵌入内部控制体系的运用途径

(一) 对风险控制加强

1. 风险管控

企业建立内部控制体系时，企业开展风险评估环节要对企业各种潜在风险进行分析管理，进而采取有效措施。将风险降至企业可接受范围内。企业可首先由财务部门对企业经营中可能产生的风险作出相应详细评估，再由企业业务经营部门结合财务部门出具的风险评估报告，并依照当前宏观经济环境、政策背景、行业现状、企业技术条件，决定是否开展业务以及开展业务的规模。最后，由企业的财务部门对业务部门拟开展的业务再次进行风险评估，为业务部门最终开展业务提供数据支撑。

企业通过业务部门和财务部门之间的通力合作，可对企业的经济活动起事前控制的作用，进而防范企业经营风险。以海外工程承包企业为例，首先，企业需具备战略发展分析能力，在承包工程时需考虑施工地的市场情况，在投标时尽量选用市场前景良好的地区，综合施工所在地的政治经济条件，制订科学的承包计划。其次，企业在签订合同时，财务部门和业务部门需要提前了解施工地的法律政策，掌握合同细节，在正式签署合同之前，

财务部门需联合业务部门，对各项费用支出作出分析，初步评估施工项目成本。最后，企业在签署合同时，应聘请当地法律顾问，并与本企业财务人员、业务人员一同核对合同细节，避免因合同纠纷导致海外项目的风险。

2. 经营分析

业财融合应从企业长期战略背景的角度进行决策分析，企业在制定长期战略规划时，需做到科学筛查项目。战略财务就是通过企业开展财务模拟的方式进行计划评测，并预测能否达成目标，将不能完成目标的部门进行优化修订。企业战略计划是在企业螺旋式上升的阶段提出的，企业采取过于冒险激进的方法将产生副作用，内部部门很容易从各自角度出发，忽视企业长期战略发展目标，进而加大企业经营成本，造成工作脱节。当企业落实项目时，可对正在修建的项目优化资源配置，最大限度保证项目的顺利开展。企业将业财融合提高至企业战略管理层次，将传统财务核算职能转变为企业整体发展的重要发言人，打破企业的发展"瓶颈"。企业可从项目初期便设定相应的分析指标，帮助企业财务部门和业务部门就信息沟通、内控活动和风险评估等模块进行分析决策，最终实现企业的战略发展目标。

（二）对绩效考核加强控制

绩效评价是指在绩效管理环节，管理者依据评价方法和管理制度在会计期间内确定工作的进展情况。企业业务和财务需对项目进行事前控制和事中控制，这就需要绩效评价管理。传统的绩效考核是将个人业绩简单地呈现出来，在业务和财务二者相互分离时，企业为达到战略目标，会将不同地区的生产成本进行调整，甚至分公司下也会出现同一种产品不同成本的现象，这将影响员工的积极性，进而拉低生产效率。企业可基于业财融合的管理模式，通过绩效评价的方式，促使企业各个部门进行联系，便于企业在同一平台中进行管理。

企业对员工进行绩效评价更加注重员工的工作热情，同时员工的工作热情也将影响全体成员，进而反映在项目中。企业将业财融合嵌入内控活动后，企业所有员工将具备一定的财务基础知识，并将财务知识运用到实际工作中。企业一般将绩效考核作为管理人力的途径，却忽视了绩效考评的最终目标，绩效考核的最终目标并非员工，而是对企业整个项目进行评估考核。

（三）对企业预算管理全面强化

企业在制定业财融合预算管理模式时，企业需依据内部业务的类型和经营特点作出预算，细化企业预算管理目标，保证企业预算管理落实到每项业务和每项费用中。以海外工程承包企业为例，首先企业可细化工程项目预算，科学制订施工项目计划，其次，由财务部门和业务部门一同制定每项业务成本，确保每项工程的成本控制更加科学。最后，财务人员需做好财务监督工作，对工程项目中的资金变化作出统计，预警风险。在承建海外工程时，企业还需规避汇率风险，科学利用远期合约降低汇率损失风险，加强企业预算管理。

在应用业财融合预算管理模式的过程中，信息技术发挥着积极的作用，为了保证预算管理工作的顺利开展，企业应该提高对于信息技术的重视，开展技术创新，保证信息技术能够最大限度地发挥积极作用，让财务管理中心的工作能够更加顺利地开展。想要提升信息技术的水平，企业管理者还要积极地开展理念的创新，从思想上提高对于信息技术的重视，这样才能保证技术创新水平不断提升。企业设置预算管理系统时，可将预算公式和各种数据输入财务信息系统中，通过数据对口链接，系统可自动完成数据上报工作；在系统中植入预算编制模型、分析模型和执行模型等，企业可根据设置的目标自动完成预算编制和预算分析工作等，还可按照企业实际需求，编制滚动预算。同时，企业还应加强各总分公司之间的联系，实现信息共享，财务共享中心系统能够实现资金的有效管理。通过加强关键要素之间的关联度，进而保证企业财务流程的顺利开展，提升财务流程的科学性，保证业财融合角度下预算管理能力的提升。

(四) 加强企业对资金管理力度

1. 项目、贸易投融资管理环节

企业强化对资金的管理力度可从收入和支出两条线的管理方法入手，将公司的资金实行集中管理，将项目工程款划入公司的对公户，项目的各类费用支出按照固定的支付流程予以划转，并定期打印流水清单，以便于企业对账。对项目资金的审批实施预算制度，以收定支，统一协调。公司的项目工程部可于每月固定日期提交下个月的资金使用预算计划，以提高资金的使用效率。

若企业涉及海外项目的筹资活动，如何选择商业银行进行贷款以及选择何种货币进行贷款就成为一个新问题，我国许多企业在国外都有融资途径，许多企业更倾向于融资美元债。例如，在某年美元呈现单边升值的态势，这时公司需考虑通过外币进行融资的方式是否合适，并且考虑套现保值等一系列风险。企业进行贷款决策的过程中，还需对商业银行的贷款利率作出分析。因此，这就需要企业财务部门发挥自身优势，通过科学的税务筹划减少费用的支出。

2. 确认企业资产价值评估环节

企业设备的价值是通过计提累计折旧的方式体现在会计期间内，折旧金额的不同也将导致企业产品成本的差异。企业财务评估和业务开展，可以生产设备的资产价值确认和评估作为切入点。在公允价值环节，倘若甲公司于 1 月购买设备，从安装到投入使用历经三个月时间，公司领导者需对设备的现有价值进行确认，并非是按照固定的资产价值进行确认，而是按照设备可使用的时间进行确认，也就是安装、调试、测试的设备价值，并对时间差值进行折旧处理。企业将业财融合嵌入内控制度中，首先需要对设备现在的价值进行确定，再对设备进行减值测验，进而分析设备将给企业带来的现金流以及价值。

3. 收付款环节

第一，应建立不相容职务相互分离的制度，主要包括三个方面：人员应该分离、出纳与应收账款记账员应该分离、应收账款记账员与对账单应该分离。

第二，确保销售与收款业务授权审批严格进行。一旦发现缺漏审批、越权审批等行为，则对有关人员进行处罚，严禁审批人员越权审批。

第三，建议设立信用管理部门。针对公司的具体实际情况，改善内部控制制度，如建立信用管理部门，主要负责记录客户的日常经营状况，及时了解客户的现金流量情况，建立信用管理审批制度并严格执行等。

4. 企业领导者管理意识环节

创造良好的内部监督环境，首先需建立全公司共同认可的价值观念，大力宣传企业文化，从理念上促使公司员工约束自我行为，从而更好地执行内部控制制度。其次，建立健全财务报告和内部控制活动的监督机制，强化公司的审计部门职责，保证内审的独立性，独立行使监督权，对公司内部的经济行为和管理者的经济行为进行监督，提供有效的审计评价，进而提高企业经营效益。最后，明晰公司各部门的职责，细化到每一个工作人员，落实岗位责任制，明确规范每一人的控制责任。

业财融合后的企业管理模式是将企业从财务核算转变为战略决策支撑，将财务信息转变为更加具备实用性的数据，并对企业财务活动作出及时反馈，因此，业财融合嵌入内控体系后，应明确企业未来发展前景，对企业风险作出科学预测，并制订规避风险的方案，培养业务团队更好应对市场挑战。企业财务管理的目标不再是看重业务绩效和财务报表，应更加注重长期战略发展目标，因此，业财融合嵌入内部控制体系对于企业的发展具有现实意义。

第八章 内部控制评价与内部控制审计研究

第一节 内部控制评价的内容及程序

一、内部控制评价概述

（一）内部控制评价的定义理解

内部控制评价作为优化内部控制自我监督机制的一项重要制度安排，是内部控制体系的重要组成部分。依据《企业内部控制评价指引》第二条相关规定，企业内部控制评价，是指企业董事会或类似主管机构对内部控制的有效性进行全面评价、形成评价结论、出具评价报告的过程。对于这一定义，可以从以下三个角度进行理解。

1. 内部控制评价的主体是董事会或类似权力机构

内部控制评价的主体是董事会或类似的权力机构，也就是说董事会或类似的权力机构是内部控制设计和运行的责任主体。[①] 董事会可指定审计委员会来承担对内部控制评价的组织、领导、监督职责，并通过授权内部审计部门或独立的内部控制评价机构执行内部控制评价的具体工作，但董事会仍对内部控制评价承担最终的责任，对内部控制评价报告的真实性负责。对内部控制的设计和运行的有效性进行自我评价并对外披露，是托责任的一种方式，董事会可以聘请会计师事务所对其内部控制的有效性进行审计，但其承担的责任不能因此减轻或消除。

2. 内部控制评价的对象是内部控制的有效性

内部控制评价的对象是内部控制的有效性，所谓内部控制的"有效性"，是指企业所建立与实施的内部控制对实现控制目标提供合理保证的程度。

---

① 方红星，池国华. 内部控制（3版）［M］. 大连：东北财经大学出版社，2017：233.

从控制过程的不同角度来看，内部控制的有效性可分为内部控制设计的有效性和内部控制运行的有效性。内部控制设计的有效性，是指为实现控制目标所必需的内部控制程序都存在并且设计恰当，能够为控制目标的实现提供合理保证；内部控制运行的有效性，是指在内部控制设计有效的前提下，内部控制能够按照设计的内部控制程序被正确地执行，从而为控制目标的实现提供合理保证。内部控制运行的有效性离不开设计的有效性，如果内部控制在设计上存在漏洞，即使这些内部控制制度能够得到一贯的执行，也不能认为其运行是有效的。当然，如果评价证据表明内部控制的设计是有效的，但是没有按照设计的那样得到一贯执行，那么就可以得出其不符合运行有效性的结论。

评价内部控制设计的有效性，可以考虑以下三个方面：①内部控制的设计是否做到了以内部控制的基本原理为前提、以我国《企业内部控制基本规范》及其配套指引为依据。②内部控制的设计是否覆盖了所有的关键业务与环节，是否对董事会、监事会、经理层和员工具有普遍的约束力。③内部控制的设计是否与企业自身的经营特点、业务模式以及风险管理要求相匹配。

评价内部控制运行的有效性，也可以从三个方面进行考察：①相关控制在评价期内是如何运行的。②相关控制是否得到了持续一致的运行。③实施控制的人员是否具备必要的权限和能力。

从控制目标的角度来看，内部控制的有效性可分为合规目标内部控制的有效性、资产目标内部控制的有效性、报告目标内部控制的有效性、经营目标内部控制的有效性、战略目标内部控制的有效性。其中：合规目标内部控制的有效性，是指相关的内部控制能够合理保证企业遵循国家相关法律、法规，不进行违法活动或违规交易；资产目标内部控制的有效性，是指相关的内部控制能够合理保证资产的安全与完整，防止资产流失；报告目标内部控制的有效性，是指相关的内部控制能够及时防止（或发现）并纠正财务报告的重大错报；经营目标内部控制的有效性，是指相关的内部控制能够合理保证经营活动的效率和效果及时被董事会和经理层所了解或控制；战略目标内部控制的有效性，是指相关的内部控制能够合理保证董事会和经理层及时了解战略定位的合理性、实现程度，并适时进行战略调整。

需要说明的是，由于受内部控制固有局限（如评价人员的职业判断、成本效益原则等）的影响，内部控制评价只能为内部控制目标的实现提供相对合理保证，而不能提供绝对保证。

3. 内部控制评价是一个过程

内部控制评价是一个过程，是指内部控制评价要遵照一定的流程来进行。内部控制评价工作不是一蹴而就的，它是一个涵盖计划、实施、编报等多个阶段、包含多个步骤的动态过程。

（二）内部控制评价的作用

企业内部控制评价是对企业内部控制制度的完整性、合理性和有效性进行分析和评定的工作，作为内部控制体系的重要组成部分，对于企业来说，内部控制评价有着重要的意义。

1. 有助于企业自我完善内控体系

内部控制评价是通过评价、反馈、再评价，报告企业在内部控制建立与实施中存在的问题，并持续地进行自我完善的过程。通过内部控制评价查找、分析内部控制缺陷，并有针对性地督促落实修改，可以及时堵塞管理漏洞，防范偏离目标的各种风险，并举一反三，从设计和执行等全方位健全优化管控制度，从而促进企业内控体系的不断完善。

2. 有助于提升企业市场形象和公众认可度

企业开展内部控制评价，需形成评价结论，出具评价报告。通过自我评价报告，将企业的风险管理水平、内部控制状况以及与此相关的发展战略、竞争优势、可持续发展能力等公布于众，树立诚信、透明、负责任的企业形象，有利于增强投资者、债权人以及其他利益相关者的信任度和认可度，为自己创造更为有利的外部环境，促进企业的可持续发展。

3. 有助于实现与政府监管的协调互动

政府监管部门有权对企业内部控制的建立与实施的有效性进行监督检查。事实上，有关政府部门在审计机关开展的国有企业负责人离任经济责任审计中，就已将企业内部控制的有效性以及企业负责人组织领导内控体系的建立与实施情况纳入审计范围，并日益成为十分重要的一个部分。尽管政府部门实施企业内控监督检查有其自身的做法和特点，但监督检查的重点部位是基本一致的，大多数涉及重大经营决策的科学性、合规性以及重要业务事项管控的有效性等。实施企业内控自我评价，能够通过自查及早排查风险、发现问题，并积极整改，有利于在配合政府监管中赢得主动，并借助政府监管成果进一步改进企业内控实施和评价工作，促进自我评价与政府监管的协调互动。

（三）内部控制评价的内容

内部控制评价的内容是内部控制对象的具体化。如前所述，内部控制的目标包括合规目标、资产目标、报告目标、经营目标和战略目标。因此，内部控制评价的内容应是对以上五个目标的内控有效性进行全面评价。具体地说，内部控制评价应紧紧围绕内部环境、风险评估、控制活动、信息与沟通、内部监督等五要素进行。

1. 内部环境评价

企业组织开展内部环境评价，应当以组织架构、发展战略、人力资源、企业文化、社会责任等应用指引为依据。其中：组织架构评价可以重点从组织架构的设计和运行等方面进行；发展战略评价可以重点从发展战略的合理制定、有效实施和适当调整等三方面进行；人力资源评价应当重点从企业人力资源引进结构的合理性、开发机制、激励约束机制等方面进行；企业文化评价应从建设和评估两方面进行；社会责任可以从安全生产、产品质量、环境保护与资源节约、促进就业、员工权益保护等方面进行。

2. 风险评估评价

企业组织开展风险评估评价，应当以《企业内部控制基本规范》有关风险评估的要求，以及各项应用指引中所列主要风险为依据，结合本企业的内部控制制度，对日常经营管理过程中的目标设定、风险识别、风险分析、应对策略等进行认定及评价。

3. 控制活动评价

企业组织开展控制活动评价，应当以《企业内部控制基本规范》和各项应用指引中的控制措施为依据，结合本企业的内部控制制度，对相关控制措施的设计和运行情况进行认定和评价。

4. 信息与沟通评价

企业组织开展信息与沟通评价，应当以内部信息传递、财务报告、信息系统等相关指引为依据，结合本企业的内部控制制度，对信息收集处理和传递的及时性、反舞弊机制的健全性、财务报告的真实性、信息系统的安全性利用信息系统实施内部控制的有效性等方面进行认定和评价。

5. 内部监督评价

企业组织开展内部监督评价，应当以《企业内部控制基本规范》有关内部监督的要求，以及各项应用指引中有关日常管控的规定为依据，结合本企业的内部控制制度，对内部监督机制的有效性进行认定和评价，重点关注监事会、审计委员会、内部审计机构等是否在内部控制设计和运行中有效发挥监督作用。

(四) 内部控制评价的原则与方法

内部控制评价的原则与方法是内部控制评价工作的方法论基础。内部控制评价的原则是开展评价工作应该遵循的基本要求与准则，内部评价的方法是执行内部控制评价工作时具体采用的技术手段。

1. 内部控制评价的原则

与内部控制的原则不完全相同，企业对内部控制评价至少应当遵循下列原则。

（1）全面性原则。全面性原则强调的是内部控制评价的涵盖范围应当全面，具体来说，是指内部控制评价工作应当包括内部控制的设计与运行，涵盖企业及其所属单位的各种业务和事项。

（2）重要性原则。重要性原则强调内部控制评价应当在全面性的基础之上，着眼于风险业务和事项，突出重点。具体来说，主要体现在制定和实施评价工作方案、分配评价资源的过程之中，应贯彻以下两个方面的核心要求：①要坚持风险导向的思路，着重关注那些影响内部控制目标实现的高风险领域和风险点；②要坚持重点突出的思路，着重关注那些重要的业务事项和关键的控制环节，以及重要的业务单位。

2012 年 9 月，财政部等六部委印发的《企业内部控制规范体系实施中相关问题解释第 2 号》中指出，集团性企业在确认内部控制评价范围时，应当遵循全面性、重要性、客观性原则，在对集团总部及下属不同业务类型、不同规模的企业进行全面、客观评价的基础上，关注重要业务单位、重大事项和高风险业务。

重要业务单位一般以资产、收入、利润等作为判定标准，包括集团总部，资产占合并资产总额比例较高的分公司和子公司，营业收入占合并营业收入比例较高的分公司和子公司，利润占合并利润比例较高的分公司和子公司等。

重大事项一般是指重大投资决策项目。包括：兼并重组、资产调整、产权转让项目，期权、期货等金融衍生业务，融资、担保项目，重大的生产经营安排，重要设备和技术引进，采购大宗物资和购买服务，重大工程建设项目，年度预算内大额度资金调动和使用，其他大额度资金运作事项等。

高风险业务一般是指经过风险评估后确定为较高或高风险的业务，也包括特殊行业及特殊业务，国家法律、法规有特殊管制或监管要求的业务等。

（3）客观性原则。客观性原则强调内部控制评价工作应当准确地揭示经营管理的风险状况，如实反映内部控制设计和运行的有效性。只有在内部控制评价工作方案制定、实施的全过程中始终坚持客观性，才能保证评价结果的客观性。

2. 内部控制评价方法

《企业内部控制评价指引》第十五条规定，"内部控制评价工作组应当对被评价单位进行现场测试，综合运用个别访谈、调查问卷、专题讨论、穿行测试、实地查验、抽样和比较分析等方法，充分收集被评价单位内部控制设计和运行是否有效的证据，按照评价的具体内容，如实填写评价工作底稿，研究分析内部控制缺陷"。

（1）个别访谈法。

个别访谈法主要用于了解公司内部控制的现状，在企业层面评价及业务层面评价的了解阶段经常使用。访谈前应根据内部控制评价需求形成访谈提纲，撰写访谈纪要，记录访谈的内容。为了保证访谈结果的真实性，应尽量访谈不同岗位的人员以获得更可靠的证据。比如，分别访谈人力资源部主管和基层员工，询问公司是否建立了员工培训长效机制，培训是否能满足员工和业务岗位需要等。

（2）调查问卷法。

调查问卷法主要用于企业层面评价。调查问卷应尽量扩大对象范围，包括企业各个层级员工，应注意事先保密性，题目尽量简单易答（如答案为"是""否""有""没有"等）。比如：员工对企业的核心价值观是否认同；对企业未来的发展是否有信心；等等。本方法主要用于对企业层面进行评价。

（3）穿行测试法。

穿行测试法，是指在企业业务流程中，任意选取一份全过程的文件作为样本，并追踪该样本从最初起源直到最终在财务报表或其他经营管理报告中反映出来的过程，即该流程从起点到终点的全过程，以此了解控制措施设计的有效性，并识别出关键控制点。比如针对销售交易，选取一批订单，追踪从订单处理→核准信用状况及赊销条款→填写订单并准备发货→编制货运单据→订单运送/递送追踪至客户或由客户提货→开具销售发票→复核发票的准确性并邮寄/送至客户→生成销售明细账→汇总销售明细账并过账至总账和应收账款明细账等交易的整个流程，考虑之前对相关控制的了解是否正确和完整，并确定相关控制是否得到执行。本方法主要用于对业务流程和具体业务的测试与评价。

（4）抽样法。

抽样法分为随机抽样和其他抽样。随机抽样，是指按随机原则从样本库中抽取一定数量的样本；其他抽样，是指人工任意选取或按某一特定标准从样本库中抽取一定数量的样本。使用抽样法时，首先要确定样本库的完整性，即样本库应包含符合控制测试的所有样本。其次要确定所抽取样本的充分性，即样本的数量应当能检验所测试的控制点的有效性。最后要确定所抽取样本的适当性，即获取的证据应当与所测试控制点的设计和运行相关，并能可靠地反映控制的实际运行情况。

（5）实地查验法。

实地查验法主要针对业务层面控制，它通过使用统一的测试工作表，将实际的业务与财务单证进行核对，从而实施控制测试的方法，如实地盘点某种存货。

（6）比较分析法。

比较分析法，是指通过数据分析，识别评价关注点的方法。数据分析可以是与历史数据、行业（公司）标准数据或行业最优数据等进行比较。比如，针对具体客户的应收账款周转率进行横向或纵向比较，分析存在异常的应收客户款，进而对这些客户的赊销管理控制进行检查。

（7）专题讨论法。

专题讨论法主要是集合有关专业人员针对内部控制执行情况或控制问题进行分析，既是控制评价的手段，也是形成缺陷整改方案的途径。对于同时涉及财务、业务、信息技术等方面的控制缺陷，往往需要由内部控制管理部门组织召开专题讨论会议，综合内部各机构、各方面的意见，研究确定缺陷整改方案。

（8）标杆法。

标杆法是指通过与行业内具有相同或相似经营活动的标杆企业进行比较，对内部控制设计有效性进行评价的方法。

（9）重新执行法。

重新执行法是指评价人员根据有关资料和业务处理程序，以人工方式或使用计算机辅助审计技术，重新处理一遍业务，并比较其结果，进而判断企业内部控制执行的有效性，是一种通过对某一控制活动全过程的重新执行来评估内部控制执行情况的方法。

在实际评价工作中，以上这些方法可以配合使用。此外，还可以使用观察、检查、重新执行等方法，也可以利用信息系统开发检查的方法，或利用实际工作的检查测试经验。对于企业通过系统采用自动控制、预防控制的，应在方法上注意与人工控制、发现性控制的区别。

二、内部控制评价的组织与程序

内部控制评价是合理保证内部控制有效性的关键步骤，而内部控制评价工作的组织方式的合理性则直接关系到内部控制工作能否科学、有序开展。组织方式的得当与否，取决于两个方面：其一，合理的组织机构；其二，科学、精简、高效的内部控制评价程序。

（一）内部控制评价的组织机构

内部控制评价的组织机构大致可以分为三个层次：内部控制评价的责任主体、内部控制评价的实施主体、其他相关部门。

1. 内部控制评价的责任主体及其职责

董事会是内部控制评价的责任主体，对内部控制评价承担最终的责任，对内部控制评价报告的真实性负责。董事会可以通过审计委员会来承担对内部控制评价的组织、领导、监督职责。董事会或审计委员会应听取内部控制评价报告，审定内控重大缺陷、重要缺陷整改意见，对内部控制部门在督促整改中遇到的困难，积极协调，排除障碍。

2. 内部控制评价的具体组织实施主体及其职责

内部控制评价工作的具体组织实施主体一般为内部审计机构或专门的内部控制评价机构。企业可根据自身的经营规模、机构设置、经营性质、制度状况等特点，决定是否单独设置专门的内部控制评价机构。内部控制评价机构必须具备一定的设置条件：①具备独立性，即能够独立地行使对内部控制系统建立与运行过程及结果进行监督的权力；②具备与监督和评价内部控制系统相适应的专业胜任能力和职业道德素质；③与企业其他职能机构在监督与评价内部控制系统方面应当保持协调一致，在工作中相互配合、相互制约，在效率效果上满足企业对内部控制系统进行监督与评价所提出的有关要求；④能够得到企业董事会和经理层的支持，有足够的权威性来保证内部控制评价工作的顺利开展。对于单独设有专门内部控制机构的企业，可由内部控制机构来负责内部控制评价的具体组织实施工作，但为了保证评价的独立性，负责内部控制设计部门与评价部门应适当分离。

企业内部控制评价部门应当拟订评价工作方案，明确评价范围、工作任务、人员组织、进度安排和费用预算等相关内容，报经董事会或其授权机构审批后实施。对于评价过程中发现的重大问题，应及时与董事会、审计委员会或经理层沟通，并认定内部控制缺陷，拟订整改方案，编写内部控制评价报告，并报经董事会或类似权力机构批准后对外披露或报送相关部门；沟通外部审计师，督促各部门、所属企业对内控缺陷进行整改；根据评价和整改的具体情况拟订内部控制考核方案。

在实践中，也有组织非常设内部控制评价机构，比如组成内部控制评价小组。评价工作小组应当吸收企业内部相关机构熟悉情况的业务骨干参加。评价工作小组成员对本部门的内部控制评价工作应当实行回避制度。

企业也可以委托会计师事务所等中介机构实施内部控制评价，但中介机构受托为企业实施内部控制评价是一种非保证服务，内部控制评价报告的责任仍然应由企业董事会承担。另外，为保证审计的独立性，为企业提供内部控制审计的会计师事务所，不得同时为同一家企业提供内部控制评价服务。

3. 其他相关部门及其职责

（1）经理层。经理层负责组织实施内部控制评价工作，一方面授权内部控制评价机构组织实施，另一方面积极支持和配合内部控制评价的开展，为其创造良好的环境和条件。经理层应结合日常掌握的业务情况，为内部控制评价方案提出应重点关注的业务或事项，审定内部控制评价方案和听取内部控制评价报告；对于内部控制评价中发现的问题或报告的缺陷，要按照董事会或审计委员会的整改意见积极采取有效措施予以整改。

（2）各专业部门。各专业部门负责组织本部门的内控自查、测试和评价工作，对发现的设计和运行缺陷提出整改方案及具体整改计划，积极整改，并报送内部控制机构复核，配合内控机构（部门）及外部审计师开展企业层面的内控评价工作。

（3）企业所属单位。各所属单位也要逐级落实内部控制评价责任，建立日常监控机制，开展内控自查、测试和定期检查评价，对于发现的问题并认定为内部控制缺陷的，需拟订整改方案和计划，报本级管理层审定后，督促整改，编制本单位内部控制评价报告，对内部控制的执行和整改情况进行考核。

（4）监事会。监事会作为内部监督机制的重要组成部分，在内部控制评价过程中起监督作用。监事会审议内部控制评价报告，对董事会建立与实施内部控制进行监督。

（二）内部控制评价程序

内部控制评价程序一般包括制定评价工作方案、组成评价工作组、实施现场测试、汇总评价结果、编报评价报告等。这些程序环环相扣、相互衔接、相互作用，构成了内部控制评价的基本流程。

1. 制定评价工作方案

内部控制评价机构应当以内部控制目标为依据，结合企业内部监督情况和管理要求，分析企业经营管理过程中影响内部控制目标实现的高风险领域和重要业务事项，确定检查评价方法，制定科学合理的评价工作方案，经董事会批准后实施。评价工作方案应当明确评价主体范围、工作任务、人员组织、进度安排和费用预算等相关内容。评价工作方案既可以以全面评价为主，又可以根据需要采用重点评价的方式。一般而言，内部控制建立与实施初期，实施全面综合评价有利于推动内部控制工作的深入有效展开；内部控制系统趋于成熟后，企业可在全面评价的基础上，更多地采用重点评价或专项评价，以提高内部控制评价的效率和效果。

2. 组成评价工作组

评价工作组是在内部控制评价机构领导下，具体承担内部控制检查评价任务。内部控制评价机构根据经批准的评价方案，挑选具备独立性、业务胜任能力和职业道德素养的评价人员实施评价。评价工作组成员应当吸收企业内部相关机构熟悉情况、参与日常监控的负责人或业务骨干参加。企业应根据自身条件，尽量建立长效的内部控制评价培训机制，培养内部控制评价专业人员，熟悉内部控制专业知识及相关规章制度、业务流程及需要重点关注的问题、评价工作流程、检查评价方法、工作底稿填写要求、缺陷认定标准、评价人员的权利和义务等内容。

3. 实施现场检查测试

首先，是充分了解企业文化和发展战略、组织机构设置及职责分工、领导层成员构成及分工等基本情况；在此基础上评价工作组根据掌握的情况进一步确定评价范围、检查重点和抽样数量，并结合评价人员的专业背景进行合理分工（检查重点和分工情况可以根据需要进行适当调整）。然后，评价工作组根据评价人员分工，综合运用各种评价方法对内部控制设计与运行的有效性进行现场检查测试，按要求填写工作底稿、记录相关测试结果，并对发现的内部控制缺陷进行初步认定。评价人员应遵循客观、公正、公平原则，如实反映检查测试中发现的问题，并及时与被评价单位进行沟通。由于内部控制通过纵向检查测试流程，因此工作中各成员之间应注意互相沟通、协调，以获得更有价值的发现。

4. 汇总评价结果

评价工作组汇总评价人员的工作底稿，初步认定内部控制缺陷。评价工作底稿应进行交叉复核签字，并由评价工作组负责人审核后签字确认。评价工作组将评价结果及现场评价的结果向被评价单位进行通报，由被评价单位相关责任人签字确认后，提交企业内部控制评价机构。

5. 编制企业内控评价报告

内部控制评价机构汇总各评价工作组的评价结果，对工作组现场初步认定的内部控制缺陷进行全面复核、分类汇总，对缺陷的成因、表现形式及风险程度进行定量或定性的综合分析，按照对控制目标的影响程度判定缺陷等级；内部控制评价机构以汇总的评价结果和认定的内部控制缺陷为基础，综合内部控制工作整体情况，客观、公正、完整地编制内部控制评价报告，并报送企业经理层、董事会和监事会，由董事会最终审定后对外披露。

6. 报告反馈与追踪

对于认定的内部控制缺陷，内部控制评价机构应当结合董事会和审计委员会要求，提出整改建议，要求责任单位及时整改，并跟踪其整改落实情况；已经造成损失或负面影响的，企业应当追究相关人员的责任。

第二节 内部控制审计及组织实施

一、内部控制审计概述

随着近几年的审计丑闻事件的频繁出现，内部控制审计越来越受到更广泛的关注，世界各国都在一定程度上对内部控制审计提出了具体的要求。世界各国对企业内部控制审计的相关做法可以大致分为两类：一类是以法案形式强制要求对企业财务报告内部控制进行审计，如美国和日本；另一类是未强制要求进行内部控制审计，如欧盟各国、加拿大等。

（一）内部控制审计的定义

内部控制审计是指会计师事务所接受业务委托，对上市公司特定基准日内部控制设计与运行有效性进行审计，并应该在内部控制审计工作中获取充分、适当的证据，为发表内部控制审计意见提供合理保证。

这个概念有三点需要说明。

第一，内部控制审计基于特定基准日，这并不意味着注册会计师只关注企业基准日当天的内部控制，而是要考察企业一个时期内部控制的设计和运行情况。

第二，定义中的内部控制的设计和运行是与财务报告相关的内部控制，并对内部控制审计过程中注意到的非财务报告内部控制的重大缺陷，在内部控制审计报告中增加"非财务报告内部控制重大缺陷"描述段予以披露。

第三，审计对象是内部控制设计与运行的有效性。我国《内部控制审计指引》指出，注册会计师可以单独进行内部控制审计，也可将内部控制审计与财务报表审计整合进行。

（二）内部控制审计与财务报表审计之间的关系

财务报表审计和内部控制审计是保障企业健康运营的两个主要方面。企业既离不开财务报表审计也离不开内部控制审计。财务报表审计的目标是注册会计师通过执行审计工作，对财务报表是否按照规定的标准编制发表审计意见。规定的标准通常是企业会计准则和相关会计制度。内部控制审计就是确认、评价企业内部控制有效性的过程，包括确认和评价企业内部控制设计和内部控制运行缺陷及缺陷等级、分析缺陷形成原因、提出改善内部控制建设的建议等。

1. 内部控制审计和财务报告审计的一致性

企业内部控制的了解和测试及其有效性评估是制定财务报告审计策略、实施进一步审计程序的基础和前提。因此，内部控制审计和财务报告审计在很多方面存在一致性，主要体现在以下五个方面。

（1）两者的最终目的一致，虽然二者各有侧重，但最终目的均为提高财务信息质量和财务报告的可靠性，为利益相关者提供高质量的信息。

（2）两者都采取风险导向审计模式，注册会计师首先实施风险评估程序，识别和评估重大缺陷（或错报）存在的风险。在此基础上，有针对性地采取应对措施，实施相应的审计程序。

（3）两者都要了解和测试内部控制，并且对内部控制有效性的定义和评价方法相同，都可能用到询问、检查、观察、穿行测试、重新执行等方法和程序。

（4）两者均要识别重点账户、重要交易类别等重点审计领域。注册会计师在财务报告审计中，需要评价这些重点账户和重要交易类别是否存在重大错报；在内部控制审计中，需要评价这些账户和交易是否被内部控制所覆盖。

（5）两者确定的重要性水平相同。注册会计师在财务报告审计中确定重要性水平，旨在检查财务报告内部控制是否存在重大缺陷。由于审计对象、判断标准相同，因此二者在审计中确定的重要性水平亦相同。

2. 内部控制审计和财务报告审计的区别

虽然二者存在着多方面的联系，但由于审计对象、审计重点等不同，使得二者存在实质性差异，内部控制审计独立于财务报告审计。主要体现在以下五个方面。

（1）对内部控制了解和测试的目的不同。注册会计师在财务报告审计中评价内部控制的目的是判断是否可以相应减少实质性程序的工作量，以支持财务报告的审计意见类型；在内部控制审计中评价内部控制的目的，则是对内部控制本身的有效性发表审计意见。

（2）内部控制测试范围存在区别。注册会计师在财务报告审计中，根据成本效益原则可能采取不同的审计策略，对于某些审计领域，可以绕过内部控制测试程序进行审计。而在内部控制审计中，注册会计师则不能绕过内部控制测试程序进行审计，注册会计师应当针对每一审计领域获取控制有效性的证据，以便对内部控制整体的有效性发表意见。

（3）内部控制测试结果所要达到的可靠程度不完全相同。在财务报告审计中，对控制测试的可靠性要求相对较低，注册会计师测试的样本量也有一定的弹性。在内部控制审计中，注册会计师则需要获取内部控制有效性的高度保证，因此对控制测试的可靠性要求较

现代财务管理与内部控制实务

高,样本量选择的弹性相对较小。

（4）两者对控制缺陷的评价要求不同。在财务报告审计中,注册会计师仅需将审计过程中识别出的内部控制缺陷区分为值得关注的内部控制缺陷和一般缺陷。而在内部控制审计中,注册会计师需要对内部控制缺陷进行严格的评估,将值得关注的内部控制缺陷进一步区分为重大缺陷和重要缺陷。重大缺陷将影响到审计意见的类型。

（5）审计报告的内容不同。在财务报告审计中,注册会计师一般不对外报告内部控制的情况,除非内部控制影响到对财务报告发表的审计意见。在内部控制审计中,注册会计师应报告内部控制的有效性。

所以内部控制审计和财务报告审计是相辅相成的两种手段,其目的都是企业能够健康运行,建立一个良好的资本运作市场。

（三）内部控制审计的现实意义

实施企业内部控制审计,是立足我国国情、借鉴国际惯例推出的一项创新之策,也是确保企业内部控制有效实施的重要标志和制度安排。

第一,实施内部控制审计,有利于揭示企业内部控制重大缺陷,促进企业健全内部控制体系,提升经营管理水平和风险防范能力。内部控制审计是全面提升企业经营管理水平的重要制度安排。作为执业审计人员,注册会计师能够更加全面、深入、客观地评价企业内部控制,及时发现内部控制中存在的重大风险和薄弱环节,并督促管理层对内部控制缺陷采取有效的整改措施。

第二,实施内部控制审计,是提高社会认知度的需要。当今世界,企业的信誉很重要,直接影响到客户对企业产品的信任感,影响企业的生存和发展。企业信誉不仅取决于当前的资金实力和盈利能力,还取决于人们对企业未来的预期。企业一旦发生欺诈、管理不善或违反法规,就会引起社会的广泛关注,造成不良的社会影响,使企业价值大大下降。内部控制审计有利于预防此类问题的发生,并及时提出妥善的补救措施,所以企业进行内部控制审计能够提升企业信誉。

第三,实施内部控制审计,有利于资本市场的健康发展。如果没有一个合理的制度安排对企业提供的内部控制信息进行鉴定,那么投资者将会对信息的真实性、可靠性产生怀疑,这必然会加大交易成本,影响资本市场的规范运作和效率。因此,实施内部控制审计,有利于控制内部控制信息的真实性、可靠性、完整性、有用性,促进资本市场的有效发展。

第四,实施内部控制审计,有利于增强内部控制信息披露的可靠性,维护投资者的利益。内部控制信息披露质量的高低，直接影响到投资者经营决策的有效性，进而影响投资者对资本市场的信心。内部控制审计的本质功效，在于提高内部控制信息披露的可靠性和提升内部控制信息的价值。它不但可以提高内部控制信息披露的可靠性，而且还有利于维护投资者的利益。

第五，实施内部控制审计，有利于满足政府监管部门对资本市场监管的需要。市场经济的健康发展，需要政府对市场行为和市场经济秩序进行恰当、必要的监管。无论是在一些欧美国家还是在我国，直接推动内部控制审计的核心力量都是政府监管部门。内部控制审计是政府监管部门基于提升内部控制有效性及其信息披露的可靠性所作出的制度性安排，在维护资本市场完整性方面，发挥着至关重要的作用。实施内部控制审计，有利于提高政府监管效率，不断规范市场经济秩序，更好地维护社会公平与效率。

(四) 内部控制审计的范围

内部控制是由企业董事会、监事会、经理层和全体员工实施的旨在实现控制目标的过程。内部控制的目标是合理保证企业经营管理合法合规、资产安全、财务报告及相关信息真实完整，提高经营效率和效果，促进企业实现发展战略。内部控制审计是指会计师事务所接受委托，对特定基准日内部控制设计与运行的有效性进行审计。

尽管这里提及的是内部控制审计，但无论从国外的审计规定和实践看，还是从我国的相关规定看，注册会计师执行的内部控制审计严格限定在财务报告内部控制审计。从注册会计师的专业胜任能力、审计成本效益的约束以及投资者对财务信息质量的需求看，财务报告内部控制审计是服务的核心要求。因此，审计意见覆盖的范围是针对财务报告内部控制，注册会计师对其有效性发表审计意见；对非财务报告内部控制，注册会计师会针对内部控制审计过程中注意到的非财务报告内部控制的重大缺陷，在内部控制审计报告中增加"非财务报告内部控制重大缺陷"描述段予以披露。

财务报告内部控制，是指公司的董事会、监事会、经理层及全体员工实施的，旨在合理保证财务报告及相关信息真实、完整而设计和运行的内部控制以及用于保护资产安全的内部控制中与财务报告可靠性目标相关的控制。

从注册会计师审计的角度，财务报告内部控制包括企业层面的内部控制，以及业务流程、应用系统或交易层面的内部控制。

1. 企业层面的内部控制

(1) 与控制环境相关的控制（如对诚信和道德价值沟通和落实、对胜任能力的重视、治理层的参与程度、管理层的理念和经营风格、组织结构、职权与责任的分配、人力资源政策与实务）。

（2）针对管理层和治理层凌驾于内部控制之上的风险而设计的内部控制（例如，针对重大非常规交易的控制、针对关联方交易的控制、减弱伪造或不恰当操作财务结果的动机和压力的控制）。

（3）被审计单位的风险评估过程（如何识别经营风险、估计其重要性、评估其发生的可能性、采取措施应对和管理风险及其结果）。

（4）对内部信息传递和期末财务报告流程的控制（如与会计政策选择和运用的程序、调整分录和合并分录的编制和批准、编制财务报表等相关的控制）。

（5）对控制有效性的内部监督（监督其他控制的控制）和内部控制评价。

（6）集中化的处理和控制、监控经营成果的控制以及重大经营控制和风险管理实务的政策。

2．业务流程、应用系统或交易层面的内部控制

（1）业绩评价（对实际与预算、预测与前期、经营数据和财务数据、内部数据和外部数据作出的评价）。

（2）信息处理（应用控制技术和信息技术一般包括：前者如对计算准确性检查、对账户和试算平衡表审核，对例外报告的人工跟进；后者如程序变动控制、限制接触程序或数据的控制）。

（3）实物控制（如保护资产的实物安全、对接触计算机程序和数据文档设置授权、定期盘点并将盘点记录与控制记录相核对）。

（4）职责分离（将交易授权、记录交易以及资产保管等职责分配给不同的员工）。

（五）内部控制审计的基准日

内部控制审计基准日，是指注册会计师评价内部控制在某一时日是否有效所涉及的基准日，也是被审计单位评价基准日，即最近一个会计期间截止日。

注册会计师不可能对企业内部控制在某个期间段（如一年）内每天的运行情况进行描述，然后发表审计意见，这样做不切实际，并且无法向信息使用者提供准确清晰的信息（考虑到中间对内部控制缺陷的纠正），甚至会误导使用者。

注册会计师对特定基准日内部控制的有效性发表意见，并不意味着注册会计师只测试基准日这一天的内部控制，而是需要考察足够长一段时间内部控制设计和运行的情况，对控制有效性的测试涵盖的期间越长，提供的控制有效性的审计证据就越多。单就内部控制审计业务而言，注册会计师应当获取内部控制在基准日之前一段足够长的期间内有效运行

的审计证据。在整合审计中，控制测试所涵盖的期间应当尽量与财务报表审计中拟信赖内部控制的期间保持一致。

二、计划审计工作

合理地计划内部控制审计工作，有助于注册会计师关注重点审计领域、及时发现和解决存在问题、恰当地组织和管理内部控制审计工作。同时，还可以帮助注册会计师对项目组成员进行恰当的分工、指导、监督和复核，协调其他注册会计师和外部专家的工作。

(一) 计划审计工作时应当考虑的事项

在计划审计工作时，注册会计师应当评价下列事项对财务报告内部控制、财务报表及审计工作的影响。

1. 与企业相关的风险

注册会计师通常通过询问被审计单位的高级管理人员、考虑宏观形势对企业的影响并结合以往的审计经验，了解企业在经营活动中面临的各种风险，并重点关注那些对财务报表可能产生重要影响的风险以及这些风险在当年的变化。例如，在国家货币政策趋于紧缩的形势下，企业可能较以前年度难以获得银行的贷款，从而普遍面临资金短缺的压力，如果被审计单位的应收账款余额较高且当年逾期应收账款有明显上升时，被审计单位的坏账风险很可能高于往年。这时，注册会计师应考虑应收账款坏账风险将导致认定层次重大错报风险。整合审计时，在审计计划阶段，注册会计师既需要关注应收账款的坏账准备这一重要账户，又需要关注被审计单位计提应收账款坏账准备的这一重大业务流程的内部控制，将此设定为内部控制审计的一个重大风险。因此，了解企业面临的风险可以帮助识别重大错报风险，继而帮助注册会计师识别重要账户、重要列报和相关认定以及识别重大业务流程，对内部控制审计的重大风险形成初步评价。

2. 相关法律法规和行业概况

注册会计师应当了解与被审计单位业务相关的法律法规及其合规性。在整合审计中，注册会计师应当重点关注可能直接影响财务报表金额与披露的法律法规，如税法、高度监管行业的监管法规（如适用）等。同时，注册会计师通过询问董事会、管理人员和相关部门人员以及检查被审计单位与监管部门的往来函件，关注被审计单位的违法违规情况，考虑违法违规行为可能导致的罚款、诉讼及其他可能对企业财务报表产生重大影响的事件，并初步判断是否可能造成非财务报告内部控制的重大缺陷。

另外，注册会计师应了解行业因素以确定其对被审计单位经营环境的影响。例如，注册会计师应考虑以下问题：

（1）被审计单位的竞争环境，如市场容量、市场份额、竞争优势、季节性因素等。

（2）被审计单位与客户及供应商的关系，如信用条件、销售渠道、是否为关联方等。

（3）技术的发展，如与企业产品、能源供应及成本有关的技术发展。

3. 企业组织结构、经营特点和资本结构等相关重要事项

注册会计师应当了解被审计单位的股权结构、企业的实际控制人及关联方企业的子公司、合营公司、联营公司以及财务报表合并范围；企业的组织机构、治理结构；业务及区域的分部设置和管理架构；企业的负债结构和主要条款，包括资产负债表外的筹资安排和租赁安排等。注册会计师了解企业的这些情况，以便评价企业是否存在重大、可能引起重大错报的非常规收入和关联交易，是否构成重大错报风险，相关的内部控制是否可能存在重大缺陷。

4. 企业内部控制最近发生变化的程度

注册会计师应当了解被审计单位本期内部控制发生的变化以及变化的程度，从而相应地调整审计计划。这些变化包括新增的业务流程、原有业务流程的更新、内部控制执行人的变更等。企业内部控制的变化将会直接影响到注册会计师内部控制审计程序的性质、时间安排和范围。例如，针对企业新增业务的重大业务流程，注册会计师应当安排有经验的审计人员了解该业务流程，并在实施审计工作中的前期识别该流程相关控制，以便尽早地与企业沟通该流程中的相关控制是否可能存在重大的设计缺陷。

5. 与企业沟通过的内部控制缺陷

注册会计师应当了解被审计单位对以前年度审计中发现的内部控制缺陷所采取的改进措施及改进结果，并相应适当地调整本年的内部控制审计计划。如果以前年度发现的内部控制缺陷未得到有效整改，则注册会计师需要评价这些缺陷对当期的内部控制审计意见的影响。

注册会计师应当阅读企业当期的内部审计报告，评价内部审计报告中发现的控制缺陷是否与内部控制审计相关、是否对内部控制审计程序和审计意见产生影响。对于在内部审计报告中提及的可能导致财务报表发生重大错报的内部控制缺陷，注册会计师应当将其记录在内部控制缺陷汇总中，关注企业相应的整改计划和实施情况，并评价其对内部控制审计意见的影响。

6. 重要性、风险等与确定内部控制重大缺陷相关的因素

注册会计师应当对与确定内部控制重大缺陷相关的重要性、风险及其他因素进行初步

判断。

对于已识别的风险，注册会计师应当评价其对财务报表和内部控制的影响程度。注册会计师应当更多地关注内部控制审计的高风险领域，而没有必要测试那些即使有缺陷，也不可能导致财务报表重大错报的控制。

通常，对企业整体风险的评估和把握由富有经验的项目组成员完成。风险评估结果的变化将体现在具体审计步骤及关注点的变化中。

7. 对内部控制有效性的初步判断

注册会计师综合上述考虑以及借鉴以前年度的审计经验，形成对企业内部控制有效性的初步判断。

对于内部控制可能存在重大缺陷的领域，注册会计师应给予充分的关注，具体表现在对相关的内部控制亲自进行测试而非利用他人工作，在接近内部控制评价基准日的时间测试内部控制，选择更多的子公司或业务部门进行测试，增加相关内部控制的控制测试量等。

8. 可获取的、与内部控制有效性相关的证据的类型和范围

注册会计师应当了解可获取的、与内部控制有效性相关的证据的类型和范围。例如，是第三方证据还是内部证据，是书面证据还是口头证据，所获得证据可以覆盖所有测试领域还是仅能覆盖部分领域等。注册会计师应当根据《中国注册会计师审计准则第 1301 号——审计证据》对可获取的审计证据的充分性和适当性进行评价，以更好地计划内部控制测试的时间、性质和范围。内部控制的特定领域存在重大缺陷的风险越高，注册会计师所需获取的审计证据客观性、可靠性越强。

(二) 签订内部控制审计业务约定书

在注册会计师进行内部控制审计工作之前，会计师事务所应当与被审计单位签订单独的审计业务约定书。内部控制审计业务约定书应当至少包括下列内容。

第一，内部控制审计的目标和范围。

第二，注册会计师的责任。

第三，被审计单位的责任。

第四，指出被审计单位采用的内部控制标准。

第五，提及注册会计师拟出具的内部控制审计报告的形式和内容，以及对在特定情况下出具的内部控制审计报告可能不同于预期形式和内容的说明。

第六,审计收费。

(三) 制定总体审计策略和具体审计计划

注册会计师在与被审计单位签订单独的内部控制审计业务约定书后,应当贯彻风险导向审计的思路,恰当地计划内部控制审计工作,配备具有专业胜任能力的项目组,并对助理人员进行适当督导,制订总体审计策略和具体审计计划。

1. 总体审计策略

总体审计策略用以总结计划阶段的成果,确定审计的范围、时间和方向,并指导具体审计计划的制定。制定总体审计策略的过程有助于注册会计师结合风险评估程序的结果确定下列事项:①向具体审计领域分配资源的类别和数量,包括向高风险领域分派经验丰富的项目组成员,向高风险领域分配的审计时间预算等。②何时调配这些资源,包括是在期中审计阶段还是在关键的截止日期调配资源等。③如何管理、指导和监督这些资源,包括预期何时召开项组预备会和总结会,项目合伙人和经理如何进行复核,是否需要实施项目质量控制复核等。

注册会计师应当在总体审计策略中体现下列内容。

(1) 确定内部控制审计业务特征,以界定审计范围。

注册会计师通常需要考虑下列因素:①被审计单位采用的内部控制标准。②注册会计师预期内部控制审计工作涵盖的范围,包括涵盖的组成部分的数量及所在地点。内部控制审计范围应当包括被审计单位在内部控制评价基准日或在此之前收购的实体,以及在基准日作为终止经营进行会计处理的业务。对于按照权益法核算的投资,审计的范围应当包括针对权益法下相关会计处理而实施的控制,但通常不包括对权益法下被投资方的控制。③拟审计的经营分部的性质,包括是否需要具备专门知识。④注册会计师对被审计单位内部控制评价工作的了解以及拟利用被审计单位内部相关人员工作的程度。⑤被审计单位使用服务机构的情况,以及注册会计师如何取得有关服务机构内部控制设计和运行有效性的证据。⑥对利用在以前审计工作中或财务报表审计工作中获取的审计证据的预期。⑦信息技术对审计程序的影响,包括数据的可获得性和对使用计算机辅助审计技术的预期。

(2) 明确审计业务的报告目标,以审计计划的时间安排和所需沟通的性质。

注册会计师通常需要考虑下列因素:①被审计单位对外公布内部控制审计报告的时间安排。②注册会计师与管理层和治理层讨论内部控制审计工作的性质、时间安排和范围。③注册会计师与管理层和治理层拟出具报告的类型和时间安排以及沟通的其他事项,包括审计报告、管理建议书和向治理层通报的其他事项。④注册会计师与管理层讨论预期就整个审计业务中对审计工作的进展进行的沟通。⑤项目组成员之间沟通的预期性质和时间安排。⑥预期是否需要和第三方进行其他沟通。

（3）根据职业判断，考虑用以指导项目组工作方向的重要因素。

注册会计师通常需要考虑下列因素：①财务报表整体的重要性和实际执行的重要性。②初步识别的、可能存在较高重大错报风险的领域。③评估的财务报表层次的重大错报风险对指导、监督和复核的影响。④被审计单位经营活动或内部控制最近发生变化的程度。⑤与被审计单位沟通过的内部控制缺陷。⑥有关管理层对设计、执行和维护健全的内部控制重视程度的证据，包括有关这些控制得以适当记录的证据。⑦注册会计师对内部控制有效性的初步判断和对内部控制重大缺陷的初步识别。⑧可获取与内部控制有效性相关的证据的类型和范围。⑨与评价财务报表发生重大错报的可能性和内部控制的有效性相关的公开信息。

（4）考虑初步业务活动的结果，并考虑对被审计单位执行其他业务时获得的经验是否与内部控制审计业务相关。

注册会计师通常需要考虑下列因素：①注册会计师在执行其他业务时对被审计单位财务报告内部控制的了解。②影响被审计单位所处行业的事项，如行业财务报告惯例、经济状况和技术革新等。③与被审计单位相关的法律法规和监管环境。④与被审计单位经营相关的事项，包括组织结构、经营特征和资本结构。⑤被审计单位经营活动的复杂程度以及与被审计单位相关的风险。⑥以前审计中对内部控制运行有效性评价的结果，包括识别出的缺陷的性质和应对措施。⑦影响被审计单位的重大业务发展变化，包括信息技术和业务流程的变化，关键管理人员变化以及收购、兼并和处置。

（5）确定执行业务所需资源的性质、时间安排和范围。例如，项目组成员的选择，以及对项目组成员审计工作的分派、项目时间预算等。

2. 具体审计计划

具体审计计划比总体审计策略更加详细，内容包括项目组成员拟实施的审计程序的性质、时间安排和范围。计划这些审计程序，会随着具体审计计划的制订逐步深入，并贯穿于审计的整个过程。

注册会计师应当在具体审计计划中体现下列内容：①了解和识别内部控制程序的性质、时间安排和范围。②测试控制设计有效性程序的性质、时间安排和范围。③测试控制运行有效性程序的性质、时间安排和范围。

在计划具体审计工作时，注册会计师需要评价下列事项对财务报表和内部控制是否有重要影响，以及有重要影响的事项将如何影响审计工作。

（1）评估管理层评估的流程。注册会计师必须获得管理层对关于公司内部控制有效性评估的过程的了解。其主要包括：注册会计师应当决定对哪些控制实施测试，包括对财务报表中的所有重要会计科目和披露事项的相关认定的控制；评估控制失效导致错报的可能性、错报的程度，以及在其他控制有效实施的情形下实现同样的控制目标的程度；评估控制设计的有效性；根据评估其实施有效性的程序是否充足，来评估控制实施的有效性；决定内部控制缺陷的程度和导致重要缺陷及实质性漏洞发生的可能性；对审计发现是否合理以及是否支持管理层的评估进行评价。

（2）评估管理层的文档记录。其主要包括：对与财务报表重要会计科目和披露事项相关的所有认定进行控制的设计；关于重要交易是如何被初始、授权、记录、处理和报告的信息；关于交易流向的足够信息，包括识别可能发生错误或舞弊而导致重大错报的关键点；已设计的防止或发现舞弊的控制，包括谁实施控制以及相关的职责划分；对期末财务报告过程的控制；对资产保护的控制以及管理层进行测试和评估的结果。

（3）获得对内部控制的了解。其主要通过询问合适的管理层及监督人员和员工、检查公司文件、观察专用控制的应用、通过信息系统追踪与财务报告相关的交易等方式，来了解公司内部控制的各个方面。

（4）识别重要会计科目。注册会计师应首先在财务报表、会计科目或披露事项因素层次确定重要的会计科目和披露事项。决定财务报表内重要的会计科目和披露事项也是决定特殊控制测试的出发点。

（5）识别重要的流程和主要的交易类型。注册会计师应当对每一类主要的、影响重要会计科目或几组会计科目的交易的重要流程进行识别。主要的交易类型指的是对财务报表产生重要影响的交易类型。

（6）理解期末财务报告流程。作为了解和评估期末财务报告流程的一部分，注册会计师应当评估以下内容：公司使用编制年度和季度财务报表的输入和输出方法；期末财务报告过程中使用信息技术的程度；管理层的参与；涉及经营场所的数量；调整分录的类型（如标准、非标准、抵销、合并等），包括管理层、董事会和审计委员会在内的适当的机构对流程进行监管的性质和程度。

（四）利用被审计单位内部相关人员工作时的考虑

2008年5月22日，财政部等五部委联合发布了《企业内部控制基本规范》，要求上市公司应当对本公司内部控制的有效性进行自我评价，披露年度自我评价报告。注册会计师在进行内部控制审计工作时可以对企业内部控制自我评价进行评估，并根据评估结果来判断在内部控制审计工作中是否可以利用企业内部审计人员、内部相应减少可能本应由注册会计师执行的工作，以减少审计工作量，提高设计效率。

但是在注册会计师利用企业内部审计人员、内部控制评价人员和其他相关人员的工作时，应当对其专业胜任能力和客观性进行充分评价。而且，是否利用企业的内部控制自我评价需要区分相关控制风险，若风险越高，企业的内部控制自我评价工作的利用程度就越低，注册会计师更应该对该项控制亲自进行测试。

注册会计师应当对发表的审计意见独立承担责任，其责任不因利用企业内部审计人员、内部控制评价人员和其他相关人员的工作而减轻。

三、内部控制审计的实施

注册会计师在对企业进行内部控制审计的实施阶段，应当按照自上而下的方法实施审计工作。自上而下的方法是注册会计师识别风险、选择拟测试控制的基本思路。

自上而下的方法按照下列思路展开：第一，从财务报表层次初步了解内部控制整体风险。第二，识别企业层面控制。第三，识别重要账户、列报及相关认定。第四，了解错报的可能来源。第五，选择拟测试的控制。

在财务报告内部控制审计中，自上而下的方法始于财务报表层次，从注册会计师对财务报告内部控制整体风险的了解开始。然后，注册会计师将关注的重点放在企业层面的控制上，并将工作逐渐下移至重大账户、列报及相关的认定。这种方法引导注册会计师将注意力放在显示有可能导致财务报表及相关列报发生重大错报的账户、列报及认定上。之后，注册会计师验证其了解到的业务流程中存在的风险，选择足以应对这些风险的业务层面控制进行测试。

自上而下的方法描述了注册会计师在识别风险以及拟测试的控制时的连续思维过程，但并不一定是注册会计师执行审计程序的顺序。

（一）识别企业层面控制

注册会计师测试企业层面控制，应当把握重要性原则，至少应当关注以下内容：①与内部环境相关的控制。②针对董事会、经理层凌驾于控制之上的风险而设计的控制。③企业的风险评估过程。④对内部信息传递和财务报告流程的控制。⑤对控制有效性的内部监督和自我评价。

内部控制审计的实施，从财务报表层次初步了解财务报告内部控制整体风险是自上而下方法的第一步。通过了解企业与财务报告相关的整体风险，注册会计师首先可以识别出为保持有效的财务报告内部控制而必需的企业层面内部控制。此外，由于对企业层面内部控制的评价结果将影响注册会计师测试其他控制的性质、时间安排和范围，因此，注册会计师可以考虑在执行业务的早期阶段对企业层面内部控制进行评价。注册会计师应该从企业层面控制的精确度和企业层面控制的内容两方面来对企业层面内部控制进行评价。

1. 评价企业层面控制的精确度

不同的企业层面控制在性质和精确度上存在着差异，这些差异可能对其他控制及其测试产生影响。

（1）某些企业层面控制，如企业经营理念、管理层的管理风格等与控制环境相关的控制，对及时防止或发现并纠正相关认定的错报的可能性有重要影响。虽然这种影响是间接的，但是这些控制仍然可能影响注册会计师拟测试的其他控制以及测试程序的性质、时间安排和范围。

（2）某些企业层面控制旨在识别其他控制可能出现的失效情况，能够监督其他控制的有效性，但还不足以精确到及时防止或发现并纠正相关认定的错报。当这些控制运行有效时，注册会计师可以减少对其他控制的测试。

（3）某些企业层面控制本身能够精确到足以及时防止或发现并纠正相关认定的错报。如果一项企业层面控制足以应对已评估的错报风险，注册会计师就不必测试与该风险相关的其他控制。

2. 评价企业层面控制的内容

（1）与内部环境相关的控制。内部环境，即控制环境，包括治理职能和管理职能，以及治理层和管理层对内部控制及其重要性的态度、认识和措施等。良好的控制环境是实施有效内部控制的基础。

（2）针对管理层（董事会、经理层）凌驾于控制之上的风险而设计的控制。该控制对所有企业保持有效的内部控制都有重要影响。注册会计师可以根据对企业舞弊风险的评估作出判断，选择相关的企业层面控制进行测试，并评价这些控制能否有效应对管理层凌驾于控制之上的风险。

（3）企业的风险评估过程。风险评估过程包括识别与财务报告相关的经营风险和其他经营管理风险以及针对这些风险采取的措施。一方面，企业的内部控制能够充分识别企业外部环境（如在经济、政治、法律法规、竞争者行为、债权人需求、技术变革等方面）存在的风险；另一方面，充分且适当的风险评估过程需要包括对重大风险的估计、对风险发生可能性的评估以及确定应对风险的方法。注册会计师可以先了解企业及其内部环境的其他方面信息，以初步了解企业的风险评估过程。

（4）对内部信息传递和财务报告流程的控制。对财务报告流程的控制可以确保管理层按照适当的会计准则编制合理、可靠的财务报告并对外报告。

（5）对控制有效性的内部监督和自我评价。企业对控制有效性的内部监督和自我评价可以在企业层面上实施，也可以在业务流程层面上实施，包括对运行报告的复核和核对、与外部人士的沟通、对其他未参与控制执行人员的监控活动以及将信息系统记录数据与实物资产进行核对等。

此外，企业层面控制还包括集中化的处理和控制、共享的服务环境监控、经营成果的控制，针对重大经营控制以及风险管理实务而采取的政策等。

（二）在业务层面识别重要账户、列报及相关认定

第一，如果某账户或列报具有合理可能性包含了一个错报，该错报单独或连同其他错报将对财务报表产生重大影响（需要同时考虑多报和少报的风险），则该账户中或列报为重要账户或判断某账户是否重要，应当依据其固有风险，而不应考虑相关控制的影响。

第二，如果某财务报表认定具有合理可能性包含了一个或多个错报，或这些错报将导致财务报表发生重大错报，则该认定为相关认定。判断某认定是否为相关认定，应当依据其固有风险，而不应考虑相关控制的影响。

第三，在内部控制审计中，注册会计师在识别重要账户、列报及相关认定时应当评价的风险因素，与财务报表审计中考虑的因素相同。因此，在这两种审计中识别的重要账户、列报及相关认定应当相同。

第四，在财务报表审计中，注册会计师可能针对非重要账户、列报及相关认定实施实质性程序。

（三）测试内部控制设计和运行的有效性

注册会计师应当测试内部控制设计与运行的有效性。如果某项控制由拥有必要授权和专业胜任能力的人员按照规定的程序与要求执行，能够实现控制目标，表明该项控制的设计是有效的。如果某项控制正在按照设计运行，执行人员拥有必要授权和专业胜任能力，能够实现控制目标，表明该项控制的运行是有效的。

设计不当的控制可能表明控制存在缺陷甚至重大缺陷，注册会计师在测试控制运行的有效性时，首先要考虑控制的设计。注册会计师在测试内部控制设计与运行时，应当综合运用询问适当人员、观察经营活动、检查相关文件、穿行测试和重新执行等方法。注册会

计师测试控制有效性实施的程序，按提供证据的效力，由弱到强的排序为：询问、观察、检查、穿行测试和重新执行。其中，询问本身并不能为得出控制是否有效的结论提供充分、适当的证据，穿行测试和重新执行通常足以评价控制设计的有效性。

（四）与控制相关的风险与拟获取证据的关系

在测试所选定控制的有效性时，注册会计师需要根据与控制相关的风险，确定所需获取的证据。与控制相关的风险包括控制可能无效的风险和因控制无效而导致重大缺陷的风险。与控制相关的风险越高，注册会计师需要获取的证据越多。

与某项控制相关的风险受下列因素的影响：①该项控制以防止或发现并纠正的错报的性质和重要程度。②相关账户、列报及相关认定的固有风险。③相关账户或列报是否曾经出现错报。④交易的数量和性质是否发生变化，进而可能对该项控制设计或运行的有效性产生不利影响。⑤企业层面控制（特别是对控制有效性的内部监督和自我评价）有效性。⑥该项控制的性质及其执行频率。⑦该项控制对其他控制（如内部环境或信息技术一般控制）有效性的依赖程度。⑧该项控制的执行或监督人员的专业胜任能力以及其中的关键人员是否发生变化。⑨该项控制是人工控制还是自动化控制。⑩该项控制的复杂程度以及在运行过程中依赖判断的程度。

针对每一相关认定，注册会计师都需要获取控制有效性的证据，以便对内部控制整体的有效性单独发表意见，但注册会计师没有责任对单项控制的有效性发表意见。

对于控制运行偏离设计的情况（控制偏差），注册会计师需要考虑该偏差对相关风险评估、需要获取的证据以及控制运行有效性结论的影响。

注册会计师通过测试控制有效性获取的证据，取决于实施程序的性质、时间安排和范围的组合。就单项控制而言，注册会计师应当根据与该项控制相关的风险，适当确定实施程序的性质、时间安排和范围，以获取充分、适当的证据。

测试控制有效性实施的程序，其性质在很大程度上取决于拟测试控制的性质。某些控制可能存在文件记录，反映其运行的有效性；而另外一些控制，如管理理念和经营风格，可能没有书面运行证据。对缺乏正式运行证据的企业或企业的某个业务单元，注册会计师可以通过询问并结合运用观察活动、检查非正式的书面记录和重新执行某些控制等程序，获取有关控制有效性的充分、适当的证据。

对控制有效性的测试涵盖的期间越长，提供的控制有效性的证据就越多。注册会计师需要获取内部控制在企业内部控制自我评价基准日前足够长的期间内有效运行的证据。对控制有效性的测试实施的时间安排越接近企业内部控制自我评价基准日，提供的控制有效性的证据越有力。

在企业内部控制自我评价基准日之前，管理层可能为提高控制效率、效果或弥补控制缺陷而改变企业的控制。如果新控制实现了相关控制目标，运行足够长的时间，且注册会计师能够测试并评价该项控制设计和运行的有效性，则无须测试被取代的控制。如果被取代控制设计和运行的有效性对控制风险的评估有重大影响，注册会计师则需要测试该项控制的有效性。

注册会计师执行内部控制审计业务通常旨在对企业内部控制自我评价基准日（通常为年末）内部控制的有效性发表意见。如果已获取有关控制在期中运行有效性的证据，注册会计师应当确定还需要获取哪些补充证据，以证实在剩余期间控制的运行情况。在将期中测试的结果更新至年末时注册会计师需要考虑下列因素，以确定需获取的补充证据：①期中测试的特定控制的有关情况，包括与控制相关的风险、控制的性质和测试的结果。②期中获取的有关证据的充分性、适当性。③剩余期间的长短。④期中测试之后，内部控制发生重大变化的可能性及其变化情况。

（五）评价内部控制缺陷

注册会计师应当评价其识别的各项内部控制缺陷的严重程度，以确定这些缺陷单独或组合起来，是否构成重大缺陷。在确定一项内部控制缺陷或多项内部控制缺陷的组合是否构成重大缺陷时，注册会计师应当评价补偿性控制（替代性控制）的影响。企业执行的补偿性控制应当具有同样的效果。

内部控制缺陷按其成因分为设计缺陷和运行缺陷，按其影响程度分为重大缺陷、重要缺陷和一般缺陷。重大缺陷，是指一个或多个控制缺陷的组合，可能导致企业严重偏离控制目标的情形。重要缺陷，是指一个或多个控制缺陷的组合，其严重程度和经济后果低于重大缺陷，但仍有可能导致企业偏离控制目标的情形。一般缺陷，是指除重大缺陷和重要缺陷以外的其他控制缺陷。

表明内部控制可能存在重大缺陷的迹象。主要包括以下几个内容：①注册会计师发现董事、监事和高级管理人员舞弊。②企业更正已经公布的财务报表。③注册会计师发现当期财务报表存在重大错报，而内部控制在运行过程中未能发现该错报。④企业审计委员会和内部审计机构对内部控制的监督无效。

（六）完成审计工作

注册会计师完成审计工作后，应当取得经企业签署的书面声明。书面声明应当包括下列内容：①企业董事会认可其对建立健全和有效实施内部控制负责。②企业已对内部控制的有效性作出自我评价，并说明评价时采用的标准以及得出的结论。③企业没有利用注册会计师执行的审计程序及结果作为自我评价的基础。④企业已向注册会计师披露识别出的所有内部控制缺陷，并单独披露其中的重大缺陷和重要缺陷。⑤企业对于注册会计师在以前年度审计中识别的重大缺陷和重要缺陷，是否已经采取措施予以解决。⑥企业在内部控制自我评价基准日后，内部控制是否发生重大变化，或者存在对内部控制具有重要影响的其他因素。

企业如果拒绝提供或以其他不当理由回避书面声明，注册会计师应当将其视为审计范围受到限制，解除业务约定或出具无法表示意见的内部控制审计报告。

注册会计师应当与企业沟通审计过程中识别的所有控制缺陷。对于重大缺陷和重要缺陷，应当以书面形式与董事会和经理层沟通。注册会计师认为，审计委员会和内部审计机构对内部控制监督无效的，应当就此以书面形式直接与董事会和经理层沟通。所有书面沟通应当在注册会计师出具内部控制审计报告之前进行。

第三节　内部控制评价与内部控制审计的协调

由于不同企业战略目标、组织架构、业务类型、经营规模不尽相同，对相关法律法规的认识和理解程度也有差异，在开展内部控制评价和审计业务活动中，还存在很大误区，严重影响着企业内部控制体系建设的推进。

一、内部控制评价和内部控制审计协调的基础

内部控制评价是由企业董事会或类似权力机构授权企业内部控制评价部门，在遵循全面性、重要性、客观性原则的基础上，按照一定的方式、程序和要求，对内部控制的有效性进行全面评价并出具评价报告的过程。从董事会授权谁去组织实施，到披露上报内部控制评价报告这个过程，是企业内部相关部门或岗位在纵向或横向之间实现的审批、执行、沟通等内部程序。评价内部控制的有效性是企业董事会的责任，董事会对内部控制评价报告的真实性负责。

内部控制审计是会计师事务所接受企业委托后，由注册会计师对企业内部控制设计与运行的有效性进行审计，并发表审计意见、出具审计报告的过程。聘请会计师事务所开展内部控制审计是企业建设与实施内部控制的重要环节，企业应就该项业务与会计师事务所

签订单独的业务约定书，约定有关费用标准，对会计师事务所审计资源的投入和审计质量提出具体要求。

注册会计师的审计责任是对内部控制的有效性发表审计意见。内部控制评价与内部控制审计的目的都是促进企业未来又好又快地可持续健康发展，因此二者在很多方面都有协同之处。《企业内部控制基本规范》规定"审计委员会负责审查企业内部控制，监督内部控制的有效实施和内部控制自我评价，协调内部控制审计及其他相关事宜等"，就体现了内部控制评价和内部控制审计在相关方面的一致性。

(一)　工作对象及内容的协调

一是内部控制评价和内部控制审计工作对象都是企业某一阶段内部控制体系设计和运行的有效性，并且二者关注的重点都是重要业务单位、企业重大事项和高风险业务。二是二者使用手段也具有相似性，在现场测试中，一般都是访谈、问卷调查、专题研讨、抽样检查、现场查验、分析比较等多种手段混合运用。三是二者在分析内部控制可能存在的重大缺陷、重要缺陷、一般缺陷的标准上也具有一致性，而且要求企业对存在缺陷、问题进行整改的目标和措施也是一致的。

(二)　组织架构专业性的协调

内部控制评价由董事会或类似主管机构牵头，由专门的内部控制部门具体负责，以评估内部控制体系及相关措施的有效性，形成评价结论，并出具评价报告。内部控制审计则是由接受委托的会计师事务所通过确认、评价企业内部控制是否有效，从而识别风险、评估风险及帮助企业应对风险。可见，不管是董事会或类似主管机构还是会计师事务所，二者的专业性或是独立性都是一致的。

从实际情况来看，大多数企业内部控制部门及会计师事务所都具备较强的专业能力和较高的职业素质，因此可以有效指引内部控制评价报告。在内部控制评价过程中，企业应自觉接受内部控制评价或内部控制审计提出的合理性建议，从上到下、由内到外全方位防范控制缺失。

(三)　共享成果的协调

无论是内部控制评价还是内部控制审计，都是对内控的有效性发表意见，并最终都会形成报告。两者都会对特定日期与会计报表相关的内部控制有效性的认定进行审核，并对某个截止日期的财务报告内部控制的有效性发表意见。

需要注意的是，内部控制评价在性质上属于企业的高层领导机构对企业运作的自我审视和自我评价，评价结果更有针对性，也更能体现企业的特殊性与重要性，相比于审计报告而言更主观一些，因此只能将其作为一种辅助。而内部控制的审计报告则是依托于独立、专业的会计师事务所进行，其专业性和权威性更强，能够更客观地指出企业内部控制评价的缺失，提出更大众化的、普遍意义上的建设意见与措施，帮助企业防范可能发生的财务风险。

二、提高内部控制评价和内部控制审计协调的关键环节

企业应当立足于行业特点和企业实际，在遵循法律规范的基础上，协调做好年度内部控制评价和内部控制审计工作。

（一）明确内部控制评价部门

企业可以根据组织架构、经营规模和发展战略的需要，设置内部控制评价部门，开展内部控制评价工作。由于企业内部审计机构处于相对独立的地位，工作性质和人员的业务专长与内部控制评价工作有着密切的联系，因此企业内部审计机构可以具体实施内部控制评价工作；对于经营规模和风险较大、内部信息系统复杂且健全的企业，可以设置专门的内部控制机构，组织实施内部控制评价，直接向董事会负责；也可以根据需要成立非常设专门机构，开展内部控制评价工作；企业还可以在完善内部控制体系建设、编制或者修订内部控制手册时期，聘请中介机构帮助开展内部控制评价。

但需要注意，被聘请帮助企业开展内控体系建设的中介机构不能同时开展内部控制审计。内部控制评价部门在具体部署内部控制评价工作时，可以组织企业内部审计、财务、人事、投资、纪检、生产、经营等管理机构不同业务方面的专业人员加入内部控制评价工作组。

（二）同步开展内部控制评价和内部控制审计

企业年度内部控制评价报告的基准日是 12 月 31 日，按有关规定，内部控制审计应当在接近内部控制评价基准日实施测试；在内部控制审计的计划阶段，注册会计师应当对企业内部控制自我评价工作进行评估；在审计实施阶段，应当关注企业对内部控制有效性的自我评价情况；在审计完成阶段，被审计单位要向注册会计师提供书面声明，书面声明包含对内部控制有效性作出评价结论，以及在内部控制评价基准日后，企业内部控制是否发生重大变化或者发生对内部控制具有重要影响的相关因素。

因此，内部控制审计不能脱离企业内部控制评价工作而孤立开展。内部控制评价工作也无须背着内部控制审计而实施。企业内部控制评价部门协调注册会计师做好审前准备、现场测试、缺陷认定等活动，既是学习和了解相关专业技能的过程，也是组织开展内部控制评价的过程。

要把注册会计师开展内部控制审计的业务活动贯穿到企业内部控制评价工作中，同步开展内部控制评价工作，以便注册会计师在内部控制评价工作中给予指导和服务，从而促进提高内部控制评价工作质量。注册会计师也因此能够及时了解企业内部控制评价工作进度情况，因为只有了解单位内部控制评价工作的实施过程，才能对企业开展内部控制评价情况和结果发表意见，并且根据实际情况决定是否利用内部控制评价相关结果。内部控制审计本身就是一项鉴证服务业务，该项业务包含了对企业建立和实施内部控制的服务和咨询，这与《企业内部控制基本规范》第十条"为企业内部控制控制提供咨询的会计师事务所，不得同时为同一企业提供内部审计服务"不相矛盾。

（三）规范内部控制评价工作方案审批程序

企业内部控制评价部门可以在拟定内部控制评价工作方案之前，召开企业分管领导和相关部门、注册会计师参加的沟通协调会，梳理当年度企业重大投资决策和经营活动、重大组织机构变化、重要内部管理制度执行、以往年度内部控制缺陷和问题整改等情况，讨论确定纳入本年度内部控制评价范围和内部控制审计范围的不同业务类型、不同规模的各下属单位和机构，提出需要关注的重大事项和高风险业务；讨论拟定吸收哪些内部机构中熟悉情况的业务骨干加入内部控制评价工作组，明确工作组组长以及当年度内部控制评价工作时间进度、工作步骤、人员分工、工作底稿编制、内部控制评价报告时间和审批流程、费用预算等。在此基础上编制完成内部控制评价工作方案，按规定报董事会审批后组织开展。

（四）重视内部控制缺陷初步认定

内部控制评价工作组通过进行个别访谈、调查问卷、专题讨论、穿行测试、实地查验、抽样比较分析等现场工作阶段后，编制内部控制评价工作底稿，记录各被评价事项存在的缺陷和问题，分析内部控制缺陷性质和产生原因，与被评价单位讨论拟定整改和纠正的初步意见和措施。对于设计缺陷，应从企业内部的管理制度和业务流程入手查找原因，明确需要更新、调整、废止的相关制度和责任部门；对于运行缺陷，应当分析原因，查清流程缺陷和责任部门；对于存在重大问题和重大缺陷的事项要收集充分的证明材料，并根据具体事项提出将风险控制在可承受度之内的初步措施和预案。

（五）加强内部控制缺陷整改

内部控制评价部门应该及时跟踪了解内部控制评价工作组的项目进度，汇总整理内部控制评价工作底稿，必要时召开协调会，采取适当形式将内部控制评价和内部控制审计过程中的重大事项上报董事会、监事会，或者管理层，以便企业决策层及时掌握企业内部发生的重大问题和重大缺陷，确定下一步整改步骤和措施。内部控制评价发现问题和认定缺陷至内部控制评价报告编制完成期间，是企业对存在问题和缺陷进行整改纠错的最佳阶段。

各被评价单位可以在注册会计师的指导之下，对其所提出的内部控制一般缺陷、重要缺陷、重大缺陷，有针对性地进行整改和纠正，并将整改结果上报内部控制评价部门和注册会计师，以便内部控制评价报告和内部控制审计报告结论能够最终定性。

（六）规范披露或上报内部控制审计和内部控制评价结果程序

内部控制评价部门应当结合企业内部相关部门和单位对内部控制体系的设计或者运行缺陷的整改情况，拟定内部控制评价报告。内部控制评价报告在上报董事会、审计委员会审议之前，可以召开公司分管领导和相关部门参加的协调会，内部控制评价部门总结年度内部控制评价工作情况，对内部控制评价报告的编制、认定的一般缺陷、重要缺陷、重大缺陷和整改等情况予以说明。

注册会计师也可以将初步完成的内部控制审计报告在协调会上一并进行沟通，实现内部控制评价意见和内部审计意见的一致。董事会审议通过内部控制评价和内部控制审计结果后，企业应该根据相关规定，在基准日后的 4 个月内同时对外披露报送内部控制审计报告和内部控制评价报告。

参考文献

[1] 臧超. 内部审计在现代财务管理中的运用 [J]. 现代商业, 2021 (12): 165-167.

[2] 陈冰玉, 张艳平, 祝群. 内部控制 [M]. 济南: 山东大学出版社, 2019.

[3] 陈宣君. 财务管理 [M]. 成都: 西南交通大学出版社, 2019.

[4] 陈玉慧. 内部控制视角下企业财务管理优化路径探讨 [J]. 全国流通经济, 2023 (04): 32-35.

[5] 程禹录. 企业财务风险管理探讨 [J]. 现代经济信息, 2016 (02): 214.

[6] 方红星, 池国华. 内部控制 (3 版) [M]. 大连: 东北财经大学出版社, 2017.

[7] 方红星, 池国华. 内部控制 [M]. 大连: 东北财经大学出版社, 2011.

[8] 葛文雷. 财务管理 (第二版) [M]. 上海: 东华大学出版社, 2003.

[9] 胡海柏. 内部审计在现代财务管理中的作用 [J]. 财经界, 2019 (06): 144.

[10] 江敏敏. 企业会计财务管理与内部控制对策研究 [J]. 大众投资指南, 2023 (07): 128-130.

[11] 蒋平, 刘梅. 财务管理 [M]. 上海: 立信会计出版社, 2019.

[12] 李菲菲. 现代财务管理面临的问题及对策 [J]. 中外企业家, 2018 (01): 26.

[13] 李晓婉. 试析内部控制在企业财务管理中的作用与实践 [J]. 中国集体经济, 2023 (14): 118-121.

[14] 李焱栩. 关于企业财务管理内部控制要点的思考 [J]. 营销界, 2023 (05): 161-163.

[15] 李燕, 张永刚. 企业财务管理 [M]. 南京: 东南大学出版社, 2016.

[16] 李杨雯. 加强会计内部控制发挥财务管理作用 [J]. 今日财富 (中国知识产权), 2023 (02): 128-130.

[17] 李永刚. 财务管理环境变化对现代财务管理的影响 [J]. 现代营销 (创富信息版), 2018 (10): 26.

[18] 刘胜军. 企业财务管理 [M]. 哈尔滨: 哈尔滨工程大学出版社, 2015.

[19] 卢秀霞. 现代财务管理制度下企业的资金安全管控 [J]. 黑龙江科学, 2018, 9

（10）：62-63.

[20] 栾素英. 基于价值导向的企业内部控制体系构建研究 [J]. 会计之友, 2012（30）：46-49.

[21] 牛福才. 企业如何构建现代财务管理体系的关键点分析 [J]. 现代商业, 2020（29）：191-192.

[22] 钱春容. 财务管理内部控制存在的问题及应对措施 [J]. 中国集体经济, 2023（14）：142-145.

[23] 区淑娟. 供电企业的财务风险管理与控制体系研究 [J]. 现代商贸工业, 2008（10）：165-166.

[24] 曲祖芹. 企业财务管理内部控制制度研究 [J]. 商场现代化, 2023（04）：183-18.

[25] 时间. 企业财务管理中的内部控制问题及措施探究 [J]. 商场现代化, 2023（02）：144-146.

[26] 田瑞. 企业财务管理 [M]. 北京：中央广播电视大学出版社, 2014.

[27] 汪静. 财务报告内部控制的内涵及措施 [J]. 人民论坛, 2010（23）：272-273.

[28] 王慧娟. 企业会计的财务管理及内部控制分析 [J]. 财经界, 2023（07）：126-128.

[29] 王玲. 财务管理 [M]. 上海：上海财经大学出版社, 2017.

[30] 王玲珍. 财务管理 [M]. 上海：上海财经大学出版社, 2017.

[31] 王露. 企业财务管理内部控制工作的强化策略 [J]. 今日财富, 2023（03）：83-85.

[32] 王燕. 内部控制在企业财务管理中的应用分析 [J]. 金融文坛, 2023（04）：124-126.

[33] 夏宁. 内部控制学 [M]. 上海：立信会计出版社, 2018.

[34] 肖则希, 金希希. 企业财务管理内部控制问题及应对策略分析 [J]. 中国产经, 2023（04）：105-107.

[35] 张佳然. 论现代财务管理与企业价值的关系 [J]. 中国市场, 2019（01）：150-151.

[36] 张丽达. 内部控制与财务数据变动的相关性研究 [D]. 西安：西北大学, 2010.

[37] 张学惠, 张晶. 企业财务管理 [M]. 北京：清华大学出版社, 2014.

[38] 赵继红. 现代财务管理发展趋势研究构建 [J]. 财经界, 2022（30）：135-137.

[39] 赵馨, 刘一雯. 现代财务管理发展趋势研究 [J]. 现代商业, 2021（30）：154-156.

[40] 钟惠纯. 企业集团财务管理中内部控制的应用略论 [J]. 中国集体经济, 2023（19）：128-131.

[41] 周海珍. 财务管理 [M]. 上海：上海财经大学出版社, 2017.